「ちょっとできる人」がやっている仕事のコツ50

井上幸葉
Kouyou Inoue

同文舘出版

はじめに

皆さん、仕事は楽しいですか?

楽しいどころか、毎日、目の前の仕事で精いっぱい。仕事を楽しむ余裕なんてない。「明日、出勤したくない」と思う日もある……。そんな声が聞こえてきそうです。

本書では、

・仕事がつまらないと、嫌々出勤している自分
・お客様と話すのが苦手な自分
・上司や同僚との職場の人間関係に悩んでいる自分
・教わった通り、マニュアル通りに仕事をこなしている自分

そんな自分から抜け出して、「仕事を楽しむ自分」になるためのヒントをご紹介します。

そもそも、なんで仕事を楽しめないのでしょうか?

20年以上前になりますが、私は学生気分が抜けないまま働き出し、「苦手なこと」「困ったこと」がたくさんありました。

仕事を〝作業〟としてこなしていて、「早く終業時間にならないかなぁ……」なんて思っていましたし、上司にはよく叱られ、楽しいなんてまったく思えませんでした。

今、その頃の私にアドバイスできるなら、「苦手なことができるようになれば、仕事が楽しくなるよ」と教えてあげます。

「仕事が楽しくなる」といっても、お遊び気分で笑ったり、手抜きをしてのんびりと仕事をするということではありません。

仕事を楽しむ極意は、毎日の仕事の「困った」や「苦手」をひとつずつ「自信」に変えていって、自分が磨かれていくおもしろさを感じることにあります。

ひとつの「苦手」や「困った」を克服したら、次にまた別の課題が出てくる。また、次の「苦手」や「困った」に挑戦していく……。それをくり返しているうちに、「できる」が増え、「自信」もつき、仕事のスキル的にも、人間的にも成長していきます。

学生の頃と違うのは、学生は1年が経過したらほぼ自動的に学年が上がりますが、社会人は1年生から3年生へ飛び越えて上がる人もいれば、3年経過しても1年生のまま留まっている人もいるということ。

いつまでも新人気分でいないで成長していくためにも、仕事を楽しくするコツをつかむことが大切なのです。

私たちは、行動している時間のほとんどを仕事に費やしています。その時間の中で、「苦手」や「困った」がたくさんあるより、できることがたくさん増えて、楽しく仕事をしたほうが絶対におトクですよね。

自分の仕事がサクサク進めば、社内全体の仕事もうまく運び、周囲とのやりとりもスムーズになります。すると、人間関係もラクになるし、周囲からも褒められて、またやる気が出ます。そんないいスパイラルをつくることができれば、きっと自分磨きが楽しくなっていくはずです。

ひとつずつでかまいません。ぜひ、本書の仕事を楽しくするコツを、今日からさっそく実践してみてください！

井上幸葉

「ちょっとできる人」がやっている仕事のコツ50　目次

はじめに

Part 1

仕事を楽しむ自分になろう!

Part 2

なぜか感じがいい「第一印象」

Part 3

うっかりミスを防ぐ「仕事の工夫」

Part 4

信頼度がアップする「仕事の任され方」

Part 5

〝できる人〟と思ってもらえる「仕事の段取り」

Part 6

好感度大の「お客様対応」

Part 7

あわてなくてOK！「トラブル対応」

TROUBLE
TROUBLE

カバー、本文イラスト　成瀬瞳
カバー、本文デザイン・DTP　ホリウチミホ（ニクスインク）

Part 1

仕事を楽しむ自分になろう！

01
どうせ働くなら楽しまなきゃソン！

「つまらない」気持ちで過ごすなんてもったいない！

「はじめに」で皆さんにお聞きしたように、私はよく研修で「仕事は楽しい？」という質問をします。

そりゃ楽しいほうがいいに決まっているけど、実際は、

「働かなくてすむなら働きたくない。宝くじ当たらないかな……」

「仕事に行くの面倒くさい……」

「うるさい上司や職場の人間関係もおっくう……」

なんて思いますよね。

私も以前はそうでした。

日曜の夜は、「明日、仕事だ！　面倒くさい……」と憂鬱になり、朝になって嫌々準備をして、なんとなく「おはようございます」と挨拶をしながら出社。仕事にも身が入っていないからか、小さなミスをして叱られ、「今日はついてないな」とさらにテンションが下がる……。

働きはじめた頃、そんな仕事生活を過ごしていました。仕事は苦手なことばかりで得意なことなどなく、ただ作業を淡々とこなして、時間が過ぎるのを待っていました。

ある日、職場でまた叱られてイライラしながら、帰りに書店に立ち寄りました。何かおもしろい本でも探そうとして、目についたのが『小さいことにくよくよするな！』（リチャード・カールソン、サンマーク出版）というタイトルの本。「私のイライラは〝小さいこと〟じゃないけどな」と思いながらも、その本を買って読んでみることにしました。

その本には、「自分が抱えているストレスは、自分がおおげさに物事を受け取ってふくらましている」といった内容が書いてありました。

「結局は自分次第ってことか……。確かに、自分で自分をつまらなくしているかもしれないな」と思った私は、自分が嫌々働いている毎日を振り返ってみました。

考えてみると、1週間の大半は仕事をして、職場の人とは家族より長く一緒にいます。そんな長い時間のほとんどを「つまらない」「おもしろくない」気持ちで働いていたら、人生もったいないないですよね。

「楽しいほうが幸せ」なことには違いないのに、自分でおもしろくなくしていて、ましてや家に帰ってからも職場のイライラをお持ち帰りするなんて、大損です。

●「仕事を楽しむ自分」をつくり出そう！

仕事を楽しくするためには、**「仕事を楽しむ自分」になろうとする**ことです。

楽しい仕事じゃない。楽しい職場じゃない。そんなふうに受け身になってしまわず、**自分で自分のゴキゲンをとる習慣**を身につけてみませんか？

周りのせいにしても何もはじまりません。仕事や他人は、あなたのゴキゲンをとってくれないのです。

風邪をひいたら風邪薬を飲むように、「仕事が楽しくない病」を治す薬を自分自身で処方できるようにしましょう。

たとえば、「この仕事、面倒くさいなぁ」と思ったら、とにかく体をキビキビ動かすことで、気分を上げてみる。

上司に叱られたら、「あんな言い方、ひどい」と思うのではなく、「課題を教えてもらった！」と、自分のやり方を改善してみる。

本書ではそんな、毎日の仕事の中で自分のゴキゲンをとる工夫をたくさん紹介していきます。

働いていれば、たくさんの経験をします。上司に叱られたり、失敗したり、壁にぶつかったり、仕事を辞めたくなるくらいつらいときも、当然あると思います。

でも、仕事が楽しいかどうかは、自分で決められること。嫌々仕事をして、ミスして叱られ、テンションが低いまま毎日を過ごすのか。仕事を楽しんで、周りから褒められ、成長していくのか。

やっぱり、どうせ働くなら楽しまなきゃソン、ですよね！

02

「やらされ感」から抜け出そう

●「やらされ仕事」がストレスになる理由

「やらされ仕事」は、ストレスが溜まります。なぜなら、自分の意思とは関係なく、人が決めたことを押しつけられていると感じているからです。

自分のしたいことをするとき、たとえば、新しい服がほしくなったら「お買い物に行こう」と〝自分で決めて〟出かけるので、ここには「やらされ感」はありません。

一方、「やらされ仕事」は〝人が決めた〟ことを自分がしなければならない、あるいは、その決めた人の代わりにしてあげなくてはいけない状態なので、他人事なのです。だから、ただ淡々とロボットのように作業をこなしたり、「面倒くさいな」「私も忙しいのに」などと、イライラ、不平・不満でストレスになる……というわけです。

この「やらされ感」から脱出する方法は、**「自分がする」**と決めること。自分なりのゴール（目標）を決めて、自分なりの工夫をしていくことで、「やらされ仕事」が「自分の仕事」に自然と変わっていきます。

どんな仕事にも、スムーズに進めるコツが潜んでいます。それは、日々の仕事の中で「工夫」をくり返すうちに「あっ、こっちのほうが早くできる」「このやり方だときれいに仕上がる」「なんだ、こうしたら効率よくなるじゃん」と、少しずつ見つかっていきます。

自分なりの工夫を重ねていくことで、〝作業〟をこなす「やらされ感」が、徐々に変化していきます。「面倒な仕事を私に回さないでよね」と思いながらやるのとは比べようもないほど、仕事がサクサクはかどり、知らないうちに仕事のやりがいや楽しさを実感できるようになっているはずです。

03

ビジネスマナーは「インナー」として身にまとう

ビジネスマナーは自信をつける第一歩

前項でお伝えしたような「自分なりの工夫」をするためには、もちろん、最低限のビジネスマナーやルールを知っておく必要があります。

といっても、「今さらビジネスマナーなんて……」という人も多いかもしれませんね。

ビジネスマナーには「お辞儀の角度」「名刺交換の動作」「電話の出方」「訪問時の作法」など、さまざまありますが、最低限のマナーを知らないと、仕事で「困った状態」になる可能性が高くなります。

ビジネスマナーを身につけていないと、相手の方を不愉快にさせるだけでなく、「この人は社会人としての常識を知らないんだな」と自分の評価も下がってしまいます。

ビジネスマナーは、「インナー」のように身につけましょう。

ビジネスマナーを洋服として着てしまっては、教科書通りのお作法しかできず、その場面に合った仕事をするなど応用がききません。

ビジネスマナーはあくまでインナーとして身につけ、自然に標準的な仕事ができるようにしましょう。そうすれば、その場面に応じた気がきく行動が、いつでもどこでもできるようになりますよ。

たとえば、苦手なことでよく挙げられる「お客様との会話」。なぜ苦手なのか？　というと、「正しい敬語がわからない」が一番の理由です。

ビジネスマナーでは「敬語」や「会話のスキル」が外せません。この敬語のマナーが最低限でも身についていれば、苦手意識も半減して、お客様との会話をするときの自信にもつながります。

ビジネスマナーについては本書で詳しくはお伝えしませんが、書籍や雑誌、ネットなどでたくさんの情報が簡単に集められます。もちろん、それぞれの会社の社風や地域性などがあるので、一概にすべてが正しいとは限りませんが、「標準」を知っておくことで自信につながります。

ビジネスマナーを知らなくて、スキルもない。いつでもどこでも自分流のまま、ただ元気がいいだけでは、信頼に欠けてしまいます。

ビジネスマナーをインナーにしよう

場合によっては、「思い込み」で誤ったビジネスマナーを覚えていることもありますので、注意が必要です。

私の勤める会社に、入社間もない、とても愛想のいい20代前半の男性がいます。彼はやる気があり、上をめざすタイプ。ただ、ビジネスマナーはあまり知りません。お客様とは一所懸命丁寧に話をして、何とか会話をしている、そんな状態です。

ある日、彼は、先方へ見積もり書を郵送することになりました。私は、彼の席の近くを通る際に「丁寧に書いているな」と関心したのもつかの間、何気なく宛名を見てビックリ！　封筒の右側に名前、真ん中に住所が書いてあったのです。

私はあわてて正しい書き方を伝えました。若い世代の彼はあまり手紙というものを見る機会がなかったのか、誰でも知っていると思っていた封筒の書き方を間違って覚えていたのです。


「意外と知らなかった」ということは誰にでもたくさんあります。だから、「今さら」と思わずに、きちんとしたビジネスマナーを身につけておくことが大事なのです。

知らなくて損をすることが多いビジネスマナー。インナーとして身にまとって、「仕事を楽しむ工夫」を実践していってください。

04 仕事を楽しむと得られるたくさんのメリット

自分も周りもストレスフリーに！

「仕事を楽しむ」というと、一見、自分個人だけの問題のようですが、実は**周囲にもいい影響を与える**ことができます。

仕事を楽しむ人のいい空気は、周囲にも伝染します。だから、仕事もスムーズに進みます。職場の雰囲気もよくなり、人間関係までラクになります。

自分だけでなく、周囲にとっても、ストレスを感じずに仕事がしやすくなるので、おトクですよね。

逆に、楽しくないと思いながら不機嫌に仕事をすると、すんなりいくはずの仕事もうまく回らなくなったり、職場の空気自体が重いものになってしまいます。

仕事を楽しむ人のところには仕事がきます。

たとえば、上司が部下に仕事をお願いしたいとき、嫌々してくれる人と快く引き受けてくれる人、どちらに声をかけやすいでしょうか？

当然、快く引き受けてくれる人ですね。


仕事を楽しむ人は、仕事を任せられ、どんどん成長していきます。そして、どんどん周囲からの信頼が高まります。同じように毎日会社に行って仕事をするのなら、信頼されるほうがもちろんいいですよね。

仕事を楽しむことでいいスパイラルが生まれる！

仕事を楽しめなかった私も、仕事を楽しむようになってからは、仕事の依頼が増えました。きっと以前は、「できれば仕事を頼まれたくない」オーラが出ていたんだと思います。

仕事が増えて、さらにできることが増えると、自然と自信が持てるようになりました。

何事も消極的だった頃は苦手なことは苦手なままでしたが、自分なりの工夫をして取り組む中で、知らないうちに苦手ではなくなっていたのです。

図01 仕事が楽しくなるスパイラル

「困った」や「苦手」が減る

↓

仕事がスムーズになる

↓

職場の人間関係がラクになる

↓

自分も周囲も仕事が楽しくなる！

たとえば資料作成。ワードもエクセルもまったく使えなかった私ですが、「この一覧表エクセルでつくって」「このお知らせワードでつくって」という依頼を引き受けるたびに徐々に使えるようになっていき、今では苦手意識はありません。

楽しいと感じながら仕事をする自分と、苦手意識を持ったまま逃げ腰になる自分。それは、ほんのちょっとの工夫の差でしかありません。

仕事を楽しむ自分は、簡単につくれます。

本書に書いてある工夫を毎日の仕事の中で少しずつ実践していって、「仕事を楽しむモード」に切り替える習慣を身につけましょう！

Part 2

なぜか
感じがいい
「第一印象」

01

まずはやっぱり「見た目」が大事

今日、先輩から「メイクはもっと薄めでいいかも」って言われちゃった。
巻き髪やアイメイクが派手だったかな……。
でも、ノーメイクってわけにもいかないし、どのくらいがちょうどいいの？

自分が思っている印象と、他人から見た印象は違う

「人は見た目じゃない」とよく言いますが、本当のところ、やっぱり人は見た目が大いに影響します。

・だらしなく見える人は、だらしない生活の印象
・派手すぎる人は私生活が派手なのかな？　という印象
・髪がボサボサのままだと、疲れているか、身なりにかまわない印象
・メイクもネイルもバッチリだと、見た目ばかりで仕事は半人前という印象

など、見た目だけでこういったよくない印象を与えてしまいかねません。

身だしなみで注意しなければならないのは、**自分が思っているＯＫ範囲と、他人が自分を見たときのＯＫ範囲にズレがある**ということです。自分はいいと思っていても、人から見たときの印象がそんなによくない、ということも少なくありません。

「人間見た目じゃない」「少し付き合えば私のよさはわかる」なんて言ったところで、そ

こまで観察してくれる人はいません。仕事ができるかできないか、人柄のよしあしなどは、第一印象の次の段階で、仕事のやりとりがあって、はじめてわかるものです。

身だしなみは「3S」をチェック

ここで言う見た目というのは、目鼻顔立ちやパーツのことではなくて、「かまい具合」のことです。

大切なのはＴＰＯ。**「時」と「場所」と「場面」に合った見た目づくり**をして、好感度の高い第一印象をめざしましょう。

仕事での身だしなみは、制服のあるところないところ、髪の色にも基準がある会社など、職業や会社の方針によってさまざまです。その中でも共通していることは、**「相手にとって、不快感なくきちんとしている印象かどうか」**ということです。

自分が気に入っている服装だから、自分が好きな髪型だから、自分がオシャレだと思うから、自分がラクだから、など「自分が」はいったん置いておいて、会社・職業に見合っているかどうかが基準です。

自分本位になりがちな身だしなみは、**①さわやか**、**②清潔感**、**③姿勢**、これら「3つのS」をクリアできているかを基準としてください。どの職業であっても共通する、好印象な「見た目の3S」です。

①さわやかな印象は、笑顔がポイントですが、自分が思うほど笑顔になっていないことが少なくありません。自分が思うところの2倍くらいの笑顔を実施してみましょう。

②清潔感は、自分では気づきにくいところに出てしまいます。たとえば、シャツの襟や袖の黄ばみや、セーターの毛玉などは油断大敵です。

③姿勢は、知らず知らず猫背になっていることがあるので、「これくらいお腹がへっこんでいればいいのにな」という感じで腹筋を意識すると、自然に姿勢がよくなります。

見た目に無頓着すぎでもNG

冒頭の例のようにバッチリメイクはNGですが、逆に、仕事に必死でノーメイク、髪もボサボサ……と、自分の見た目に、かまわなすぎるのもよくありません。

エステティシャンがノーメイクでも肌がキレイだという効果を見てもらうために、あえてノーメイクというのであれば、それはＯＫですが、お化粧をするというのは「人前に出てお仕事をします」という礼儀とも言える準備です。

髪も束ねるのであれば、他人が見てきちんと見える工夫をしましょう。無造作に束ねるのではなく、髪の毛を整えて、シンプルなシュシュで結ぶなど、ほんの少しの工夫でいいのです。

もちろん男性の場合でも、自分本位でなく相手本位でのビジネススタイルが重要です。スーツは着用しているけれど、髪は金髪……というのではアンバランスですね。

また、髪はボサボサでないか、無精ひげをそのままにしていないか、爪は伸びっぱなしではないか、シャツは汚れたりヨレヨレではないか、と清潔な印象を持ってもらえるかどうかを第一に考えます。

人間、やっぱり見た目が大事。朝、出かける前や、トイレに入ったときなどに意識して、鏡で自分の姿を客観的にチェックする習慣を身につけましょう。

図02 好印象な見た目「3つのS」

02

挨拶は自分を印象づけるチャンス

毎朝、職場に着いて「おはようございます」と挨拶するけれど、あまり気づかれず、近くの人がぼそっと挨拶を返してくれるくらい。

周りの人も、なんとなく挨拶しているふうだし、別に特別意識する必要はないよね。

挨拶はコミュニケーションの入り口

朝、「ざいまぁす」と顔を上げず、小さい声でボソッと言う。表情も無表情。挨拶をするのは当たり前と思っているかもしれませんが、こんなふうに、挨拶が適当になってしまっていることって、意外と多いものです。

挨拶は、コミュニケーションの入り口。いい印象を持ってもらうためには、欠かせません。いい挨拶をすると、いいコミュニケーションができ、仕事がしやすくなるきっかけづくりになります。また、自分の気持ちの切り替えにもなります。

だから、もし今の職場に元気に挨拶をする人が少ないとしても、決して適当な挨拶でいいや、などと思わないでください。**挨拶は人に差をつけるチャンス**なのです。

どんな挨拶からスタートしても仕事ははじまるし、特に支障はないかもしれませんが、いい挨拶には次のような意味があります。

①相手への敬意を表わす

挨拶には相手がいます。挨拶することで「私はあなたの存在をちゃんと認め、そしてコミュニケーションをとりたいと望んでいます」という意思を表わしています。

②いい挨拶は相手も気分がよくなる

自分の発した挨拶は、相手に伝染します。心のこもっていない挨拶は相手にも伝わってしまいます。挨拶次第で相手の気分をよくさせることも、悪くさせることも可能なのです。

③自分の調子を表わす

元気のない挨拶は、「私は体調が万全ではありません」「私はコミュニケーション能力が低いです」という印象を相手に与えてしまっています。いい挨拶で、相手に「私は元気です」「私は人と友好的なコミュニケーションをとれます」ということを印象づけましょう。

このような理由から、挨拶は自分から、笑顔で、大きな声で、がいいのです。いい挨拶をして、自分にいい波動が返ってくるように心がけましょう。

図03 挨拶は自分から、笑顔で、大きな声で！

03

職場での声のボリューム調整は3段階

打ち合わせや会議でも、電話でも、必ず「え？」と聞き返されてしまう。
なるべくはっきりしゃべるようにはしているけれど、また声が小さかったのかな……。

相手に確実に伝わるコツは声の大きさ

冒頭の声の小さい人とは、実は私のことです。会話中に「えっ?」と聞き返されると、「また声が小さかったんだ」とハッとして音量調整することが時々あります。

職場での声のボリューム調整は、3段階。

①隣の部屋に聞こえるくらいの音量……部屋の中で全体に挨拶をするような場面
②相手の、もうひとつ隣の人に話すくらいの音量……隣の席の人と会話をするような場面
③一番後ろの人に話すような音量……少し大きめの部屋や大勢の人の前などで、発表やプレゼン、司会をするような場面

このような切り替えを使って、音量調整してみてください。

声が小さいと、相手の意識を「聞き取ること」に集中させてしまいます。「声が小さくて聞き取れない」という理由で、せっかくの会話がスムーズにいかないのでは、もったいない

ないですね。さらに、相手に「この人、自分の言っていることに自信がないのかな?」という印象を与えてしまいます。

また、話をする相手が正面にいるのなら、声が届く可能性が高いですが、隣に座っている人と話すときは、意外と声が届いていないことがあります。

逆に、声が大きすぎるのも、時と場合によっては迷惑であったり、威圧感を与えるときもあります。声が大きすぎる人も、今が①~③のどの場面なのか意識しながら、ボリュームを下げてみてください。

声が小さくて聞き取れない、または声が大きくて耳障りという状態は、相手にストレスを与えてしまいます。**相手に確実に声を届ける**ためにも、声の音量調整を意識するようにしましょう。

あなたの話は、実は伝わっていないかもしれない

私の会社に、聞き返すのは相手に悪いからと、ついつい聞こえたフリをする方がいます。

ある日、私も顔見知りのお客様が打ち合わせにご来社されたときのこと。お帰りになった後に応対をしていたその人に、「今日はどんなお話だったんですか?」と何気なく聞いたところ、「実はほとんど聞こえなかったんだよね。聞き返すタイミングを逃しちゃってさ」という返事で、びっくりしたことがあります。

そのときは、ちょっとした雑談だったので特に問題は起きませんでしたが、これが重要な商談だったりしたら大変です。

なかには「聞こえたフリ」をしてしまう方もいます。実は伝わっていないかもしれない、という気持ちを持っておきましょう。

仕事の場面では「うまく説明できているでしょうか?」と、確認しながら会話をすることも有効です。途中で確認をすることは、声のボリュームに限らず、内容や意味合いが伝わっているかどうかという確認にもなります。

ビジネスにおいて、声は重要なツールです。高さやスピードなど、話すテクニックはさまざまありますが、基本中の基本は、まずその声を相手に届けること。声が相手に届いてはじめて、それらのテクニックをプラスする意味があるのです。

04

「ただの挨拶」を抜け出すコツ

コミュニケーション下手な私は、いつも小さな声でボソッと挨拶をするのが精いっぱい。

だから、当然返ってくる返事も小さいし、会話も続かない……。

雑談くらい、上手にできるようになりたいな。

名前を呼ぶと、「ただの挨拶」でなくなる

職場に着いて人に会ったら、まず「おはようございます」ですよね。ボソッとでも何でも、そこまでは何とかできるでしょう。コミュニケーションを高めたいなら、その挨拶のはじめに、相手の方の名前をプラスしてみましょう。

「○○さん、おはようございます」

これだけです。名前をプラスするだけなんだから、特別な技術もいらないし、勇気もそんなにいりません。

誰でも、自分の名前を呼ばれるとハッとします。だから、相手は自然とこちらを見てくれます。また、名前を呼ぶときには相手を見ないとおかしいですから、苦手であっても、自分がまず相手をしっかり見ることになります。

このように名前をプラスすることで、いつもの自信なさそうな挨拶が、コミュニケーションを目的としたワンランク上の挨拶に早変わりします。

名前を呼ぶのだから、当然、相手と目が合います。そのときにしかめ面なわけにはいきませんので、自然と笑顔になりますし、相手の名前を呼ぶからには、相手にきちんと届くよう、無意識に「相手に届く音量」になります。

子どもの頃からいつも言われている、「挨拶は自分から、相手を見て、笑顔で、大きな声で」までが一気にできるようになります。

●ミニ会話で職場のコミュニケーションをよくしよう

このように、名前をプラスした挨拶は、相手とコミュニケーションをとるきっかけになります。次の段階として、ミニ会話を続けてみましょう。

どんな小さなことでもかまいません。「いいお天気ですね」「雨がよく降りますね」でもいいですし、「この間の会議、お疲れ様でした」「先日のプレゼンすごくお上手でしたね」「先週は懇親会お疲れ様でした」など、相手と最後に関わったときの記憶に戻るのも効果的です。

また、「先週は資料作成を手伝っていただき、ありがとうございました。助かりました」

「この間は会議でのご意見、非常に参考になりました。ありがとうございました」など相手にお礼を言う事柄があるのなら、この「ミニ会話」の話題には持ってこいです。

そのときのちょっとしたコツとして、言われた側が何に対するお礼なのかわかるように、「○○の節はありがとうございました」など、何のお礼のことか、簡単な情報をプラスすると、親切です。

職場の人とコミュニケーションをとりたいけれど、苦手意識が先立ってしまう方は、この**「名前＋挨拶＋ミニ会話」**を実践してみてください。

社内の人とのコミュニケーションのみならず、お客様との電話や受付、社外の人との挨拶場面でも使える小さなワザです。

05

相手に届く返事の仕方

伝票の金額の計算中に、上司に呼ばれてしまった。
もう少しで終わるから、とりあえず下を向いたまま
声だけで返事。作業が終わって、上司を探したら、
別の子にコピーのお願いをしていて、「君はもうい
いよ」と言われちゃった……。返事はしたんだから、
ちょっと待ってくれてもいいのに。

からだごと振り向いて返事をする

冒頭の例では、確かに返事はしました。でも、作業の手を止めずに、頭も下を向いたまま、上司のほうを見ないで、「とりあえず声を出すだけの返事をした」だけです。

確かに、何かに集中しているとき、もう少しでキリがいい状態のときは、声をかけられたくないものです。

そんなときに名前を呼ばれると、返事をしないわけにはいかないので一応、反射的に返事をしますが、頭の中は別の所に集中しているので、上の空になっています。

返事をする場面のとき、とにかく名前を呼ばれたら、**手を止めて、からだごと振り向いて、呼んだ人の顔を見て返事をする**ようにしてください。

単純な行動ですが、いったん手を止めることで、これから言われることに対して、前向きに対応する気持ちに切り替えられるようになりますし、次の行動に移しやすくなります。

上の空の返事と、からだごと振り向いてする返事とでは、相手が受ける印象は雲泥の差です。

上の空で返事をしたあなたは「この人、やる気なさそう」と見えてしまいますが、からだごと振り向いての返事をしたあなたは「この人は、仕事をきちんと引き受けようとしている」と見てもらえるでしょう。

やむをえない場合はどうする？

ただし、今手を止めたら、１００枚計算していた伝票の最後の計算がわからなくなる、別のお客様の対応中など、どうしても待ってもらいたい状態のときは、そのことを伝えましょう。

具体的には、顔を上げて、「はい！　すぐに行くのでお待ちください」など、お手伝いしたい気持ちを付け足した返事をしましょう。

語尾がキツいと怒ったように聞こえますので、「今すぐ返事をしてそっちへ行きたいのですが、ごめんなさい！」という申し訳ない気持ちが伝わるように心がけてください。

返事さえすれば、その仕方なんて何でもいいのでは？　と感じてしまいそうですが、そうではありません。

たかが返事、されど返事です。

ほんの一瞬のことではありますが、返事がいいと、仕事ができそうに見える、好感が持てる、頼むほうも気持ちよく話ができる、いい状態でコミュニケーションがとれるなど、たくさんのプラスが舞い込みます。


忙しくて余裕がないときでも、いい返事を心がけていると、何より**自分を一番いい状態へ持っていくきっかけ**になります。

人間は、余裕がないとどうしても周囲を責めたり、不満が湧いたり、自分のことしか見えなくなってしまいます。20年以上、社会人として働いている私も、「今集中しているのに何よ！」と思ってしまうことがあります。

でも、呼ばれたときに、サッと手を止めていい返事をする。その行動をすることで自分の中に余裕を取り戻せるようになります。

皆さんも、これから先何年経っても、自分が先輩になっても、いい返事をすることはずっと続けるようにしてください。

06

「すみません」より「ありがとう」

上司に「君はいつも、『すみません』って謝っているね」と言われた。自分としては謝っているつもりはなくて、とっさに出ていた言葉なんだけど……。

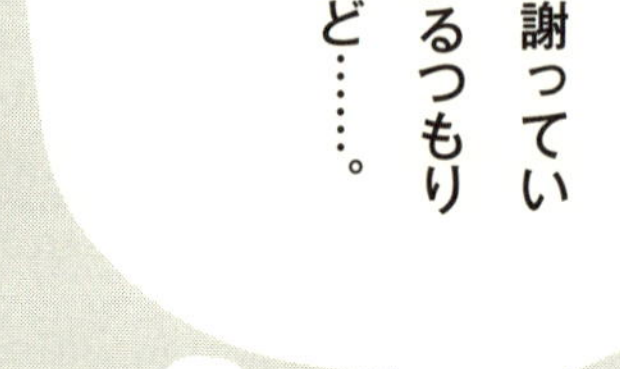

無意識で「すみません」ばかり言っていませんか?

ビジネスシーンでのちょっとしたやりとりの会話で、よく使う「すみません」。口癖のように無意識に「すみません」と言っている人は結構多いです。

上司から承認のハンコをもらった、内線で「何か荷物が届いてるよ」と連絡をもらった、お客様からお土産をもらった。こんなとき、つい「すみません」と言っていませんか?

それって「すまないこと」ではないのに、口癖になっているのでしょう。これらの場面で使うのは、「ありがとうございます」ですよね。

私も20代の頃、無意識にこの「すみません」をいろいろな場面で使っていて、ある日先輩に「井上さん、**『すみません』って謝られるより、『ありがとう』って言われたほうが人はうれしいよ**」と言われたことがあります。

よくよく考えてみれば、「ありがとう」という気持ちなのに、発する言葉が「すみません」と、謝っている。言われてはじめて気がつきました。

それ以降、私は「ありがとう」を意識して使っています。

思わず「すみません」と言ってしまったとしても、お礼を言う場面であれば必ず、「ありがとうございます」を付け足すようにしています。

●「すみません」にもバリエーションがある

私は「すみません」が口から出そうになったら、お礼を言いたいのか、謝りたいのかに分けて、別の言葉に意図的に変換しています。


謝る場合は、「申し訳ありません」です。

「すみません」は、「すまない」を丁寧に言っている言葉です。謝罪を表わす正式な敬語は「申し訳ございません」です。

また、「すみませんが、FAXを流してくださいますか?」ということを伝えたいときは「お手数をおかけしますが」という表現に言い換えるようにしています。

特にちょっとしたお願いのときは「すみません」がよく使われがちですので、注意しましょう。

「すみません」は、ビジネス用語としてあまりふさわしくないので、言わないようにクセづけてしまうのが一番いいですね。

そして、お礼を言いたいときは、きちんと「ありがとう」を伝えましょう。

私の後輩で「ありがとうございます」の達人がいます。雑用を上司から頼まれたときでも、最後に必ず「ありがとうございます」と言って引き受けるので、上司も思わずハッとしてニコニコになります。

もしも相手が何かしてくださったら、「すみません」ではなく、「ありがとうございます」を使いましょう。相手もきっと喜んでくださいます。

07

不安なときこそ胸を張る

仕事を振られるたびにいつもあわててしまう私。
上司から「もっと自信を持って仕事したら?」と声をかけられた。
人からは、自信がなさそうに見えるのかな……。

気持ちは後からついてくる

自信もないままに仕事をしていると、あたふたすることが多いですよね。なかなか自信を持てなくて、不安がたくさんなときこそ、**背筋を伸ばして、堂々とする**ということを心がけましょう。とにかく猫背は禁止！　です。

「猫背」は人にどんな印象を与えるのかを考えてみましょう。暗そう、やる気がなさそう、自信がなさそう、仕事ができなさそう、頼りなさそう、だるそう……など、挙げていったらまだまだありそうですね。要は、よくない印象しかないのです。

うつむき加減で体が小さくなっていると、ますます不安を助長するように、自信もなくなり不安が増えてしまいます。

気持ちと姿勢はイコールです。

だからこそ、自信がつくまで待つのではなく、姿勢から先に変えてしまいましょう。そうすると気持ちのほうがつられて、不安がやわらぎます。

まず姿勢を変化させることで、不思議と不安や自信のなさが飛んでいき、気持ちは後からついてきます。

もちろん、仕事を覚える努力、できるようになる練習をくり返すことで、本当の自信がついてくるので、その土台づくりは忘れずに取り組んでください。

私も社会に出て仕事をして、20年以上経ちますが、気が抜けていたり、張り切れていないとき、ふと姿勢があまりよくない自分に気づくことがあります。

そんなときは、気づいたと同時に急いで姿勢を正します。調子のいいときは、意識しなくても、胸を張って堂々としているものです。

先に姿勢をその状態に持っていくことで、気分がついていきます。そうしたら、仕事のスピードも早くなり、動作もキビキビに切り替わります。

もしも姿勢の悪い自分に気づいたら、気分より先に姿勢を正して、働く自分をサポートしましょう！

図04 姿勢を変えれば、気持ちも変わる！

Part 3

うっかり
ミスを防ぐ
「仕事の工夫」

01 メモはミス防止の強い味方

私は、普段から物忘れが多くて困ることがとても多い。「この予定、今日だっけ？」と、しょっちゅう同僚に聞いている。

こんなに忘れていることが多いと、いろんな人に迷惑をかけちゃう……。

自分を助けるためのメモ

「聞いても忘れてしまう」ことの一番の対応策は、「メモをとる」ことです。

これは、仕事をするうえでの基本です。頭に入っていることが自分の知識としてスラスラ出てくる。そうなれたらラクですし、仕事も効率的に進みます。

けれど、人間毎日多くの作業をこなしていたら、あれもこれも、とは覚えていられないのが現実です。

だから私は、頭の記憶に頼るより、「人間すぐ忘れるものだ」と割り切って、ありとあらゆる場面で何でもメモをすることにしています。

メモには、次の2種類があります。

①今起きていること（指示、会議で決まったことなど）を忘れないように記録するメモ

②これから起きることに対して、手順や注意事項がわかるようにしておくカンニングペーパー的なメモ

いずれも自分を助け、仕事をスムーズに進めるためのものです。

たとえば私は、ちょっとした打ち合わせのとき、ためになる情報を聞いたとき、忘れてはいけない用事が起きたときなどは、すぐにメモします。

資料やノートの重要なページに付箋を貼るときには、どうしてそのページに印をつけたのか、忘れないようにその理由もメモします。

ところが、せっかくメモをしても「適当な紙にメモをしたために行方不明になり、見たいときに出てこない」「メモ帳やノートを途中でよく変えるから、どこに何を書いたかわからなくなる」という失敗がよくあります。それを防止するためにも、ルールを決めてしまいましょう。

ルール①　メモをするノートや手帳を1冊だけに絞る

ルール②　とっさに用事を言われて①のメモ帳が用意できないときは、いったん手近な紙に書いた後、①のメモ帳にそのまま貼る

この2点さえ守っていれば、情報は1カ所に集約され、探しやすくなります。

メモをとることは仕事の基本中の基本ですが、特に忘れっぽい人にとっては大切なお助けアイテムです。メモするという行動をすることで印象に残りますし、結果的にメモを見る必要がなかったとしても損をすることはありませんから、ぜひ習慣にしてください。

メモは活用しないと意味がない

当然ですが、メモをとる行為で重要なのはただひとつ、「**メモを活用すること**」です。

たとえば、61ページの②のカンニングペーパー的なメモならば、お客様からの問い合わせがあったときにさっと答えられるよう、商品説明の要点や価格を、電話やパソコンなどすぐ見えるところに貼りつけるとよいでしょう。

電話応対のときに、どうしても「かしこまりました」ではなく「わかりました」と言ってしまうクセがあるのなら、受話器に「かしこまりました」と書いたメモを貼るのもよいと思います。

図05 メモをフル活用してミスを防ごう

POINT

**スムーズなお客様対応、
思い込み防止、スキルアップ、
作業時間の逆算……など、
「未来の自分」のために、メモを活用しよう！**

また、特に忘れてはいけない予定や用事が発生したら、スケジュール帳と卓上カレンダーの2カ所に目立つように記入します。

何でもメモをとることが習慣になると、

・お問い合わせの電話にスムーズに対応できる
・文字で確認するため、思い込みで間違ったことを言わないですむ
・メモを読み返すことによって、内容が確実に自分のものになっていく
・カレンダーに締切日が書いてあるので、予定日から逆算して資料作成ができるようになる

などのメリットがあります。ひとつひとつは小さなことですが、メモをすることで仕事がスムーズに進みます。そうすると、自分も周りも気持ちよく仕事ができるようになるのです。

人間の脳は、新しい記憶が入ってくるとどんどん既存の記憶が抜けていってしまいますから、記憶が薄れる前に、「未来の自分」のために記録を残しておきましょう。

02 「簡単マニュアル」をつくる

先輩にパソコンでの作業方法を教わった。

数日後、教わったときに書いたメモを見ながら1人でやってみようと思ったら、自分でとったメモなのに、読めないし意味がわからない……。教わっていたときは、わかっているつもりだったのになぁ。

自分だけのマニュアルをつくる

ちゃんとメモはとってあるのに、時間が経ってから見たら、何のことだかわからない……ということは、よくあることです。

教えてもらったそのときは、「わかった」状態になっているので、次回からはバッチリ、1人でできる気がしています。

「わかった」から「できる」になるには、自分でやってみるトライのときが重要です。そのときに、記憶を頼りに挑戦するのではなく、自分で**「簡単マニュアル」**をつくっておくことが、「できる」への近道になります。

マニュアルをつくるというと、難しそうに聞こえてしまいますが、自分用なので「簡単」なもので大丈夫です。

まずは、何か作業を教わっているときに、その順番通りにメモを書きます。そのときのメモは、要点の言葉だけでもいいです。

たとえばパソコンを使っての作業なら、①メニュー（を開く）、②左～3番目更新（6個選べるうちの「更新」を選ぶ）、③名前つけてOK（ファイル名を入力して、OKボタンを押す）……というように、ごく簡単な内容でいいのです（カッコの中は、自分がわかっていればメモする必要はありません）。

マニュアルを作成する際には、これを後で見やすいように丁寧に書き直します。ノートへ丁寧に書き直す、またはエクセルやワードなどで入力するときに、（　）の中の補足説明をつけます。

あくまでも自分用なので、少々下手でも問題ありません。重要なのは、メモから補足説明のあるマニュアルの状態にすることです。聞いたことを忘れないうち、メモを見ながら教わったときの様子を思い出せるうちに、この作業はすませましょう。

これはきれいに編集するのが目的ではなくて、自分だけのものですから、後々自分がそれを見ながら挑戦さえできればいいのです。時間をかけずにササッとつくってしまいましょう。目安は10分以内にしたいですね。

もちろん、教わっている最中にメモをきれいにまとめることができればベストですが、書き直し作業をすることで、教わった内容を自分の中で反復するため、頭に入りやすくなるというメリットもあります。

こうしてつくったマニュアルばかりを入れる専用ファイルを準備する、または簡単マニュアルばかりを書く専用ノートを1冊準備すると、「自分だけの便利帳」が完成し、スムーズに仕事が進められるようになります。

自分以外の人用のマニュアルをつくってスキルアップ

この「簡単マニュアル」の内容ですが、パソコン操作、自分が担当してこなさなくてはいけない作業手順はもちろんですが、会議や研修、ためになる情報をゲットしたときなど、あらゆる場面で使えます。

慣れてきたら、上級編として「他の人が見ても操作ができるマニュアル」を作成すると、説明力や文書作成スキルが上がります。自分用の「簡単マニュアル」をつくることに慣れてきたら、ぜひ挑戦してみましょう。

自分がその作業を部署内ではじめてやったとき、人にも教えておいてと言われたときなどに「簡単マニュアル」があれば、自分以外の人でもスムーズに作業にとりかかることができます。

教わっている最中、会議中など、進行中のメモ書きはとりあえず書き留めているだけの単なるメモです。あとからキレイに清書することで「わかった」が「できる」になります。メモをすることは基本中の基本で大切です。それを書き直して、行動へ移すことはもっと大切です。

「わかった」と「できる」は別々の行動ではありません。ワンセットになってはじめて、自分の「力」となり、成長につながります。「わかった気」でとどまらず、確実に自分の成長につなげられる、「簡単マニュアル」作成にぜひ取り組んでみましょう。

図06 マニュアル化でスキルアップ！

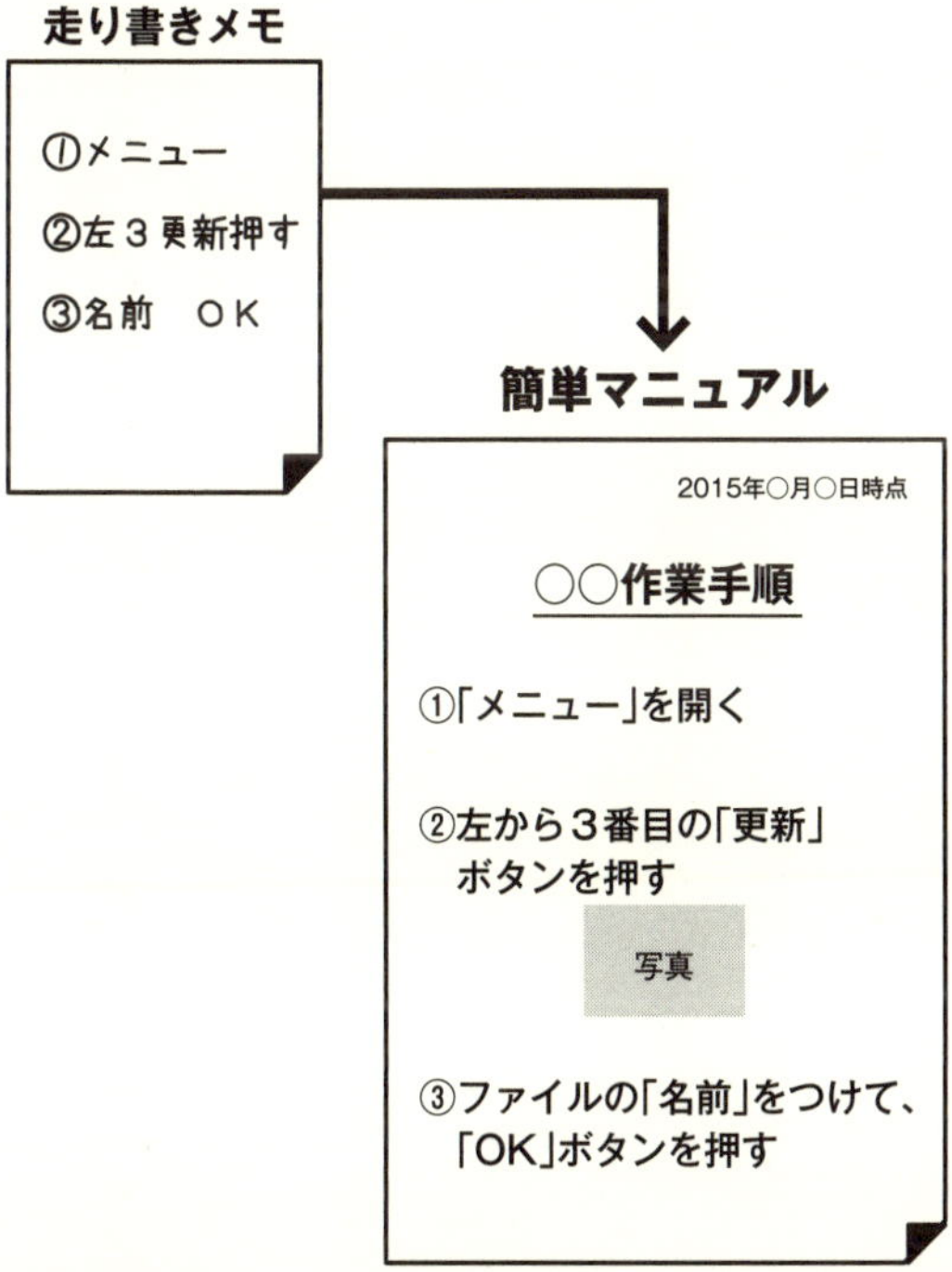
走り書きメモ
①メニュー
②左３更新押す
③名前　OK
簡単マニュアル
2015年○月○日時点
○○作業手順
①「メニュー」を開く
②左から３番目の「更新」ボタンを押す
写真
③ファイルの「名前」をつけて、「OK」ボタンを押す

POINT

新人や他の部門の人など、
誰が見てもできるように丁寧に解説しよう。
画像を貼りつけるのも親切。

03

「作業のチェックリスト」をつくる

いろいろな仕事を任されるようになったけど、いつも何かひとつはヌケがあって指摘されてしまう。最初から最後まで完璧にできるようになるには、まだまだなのかなぁ。

仕事の抜け・漏れを防ぐ「作業のチェックリスト」

仕事に慣れ、担当する作業が増えてきたら必ず必要なものがあります。それは「チェックリスト」です。

チェックリストは作業ごとに作成して、チェックを入れながら仕事を進めましょう。特に、月末に1回、半年に1回しかやらないような頻度の少ない作業に有効です。

チェックリストは簡単なつくりで大丈夫です。75ページの図を参考に、自分の担当作業の手順を書き出してみましょう。

まずは、その作業の最初から最後までの手順をよく思い出しながら箇条書きにします。途中で思い出した分を追加しやすいように、鉛筆などで書きはじめるのが無難です。

そして、ある程度書き上がり、チェックリストとして使用できる状態になったら清書しましょう。頻度の高い作業なら、ワードなどでチェックリストのフォーマットをつくっておき、その作業にとりかかるときに必ずプリントして使うようにすると、便利です。

このチェックリストには、○○さんへ伝えたかどうかなど、「報連相」するべき相手やチェックしてもらう上司など、手順だけでなく**人への配慮を入れる**と落ち度なく、さらにグッと抜け目のない仕事ができます。

●チェックリストは更新していこう

一度つくったリストは、これで完成とせずに何度も追加や編集をして、より完成度の高いものにします。

ミスが起きたら防止策を追加したり、この人へも伝えたほうがさらによかったということがあれば、追加していきます。

そうやっていくうちに、「またあの作業が抜けて叱られた」「またこれをするのを忘れて二度手間になった」といったことがどんどん減って、あなたの仕事の質が高まります。

リストがあると、作業手順がひと目でわかるので、担当者が変わったときの引き継ぎもスムーズにでき、あなたも周りの人も気持ちよく仕事ができるようになります。

図07 「自分の担当作業チェックリスト」の例

タイトル（作業の名前）

- [x] ①準備するもの4つ　1(･･･) 2(･･･) 3(･･･) 4(･･･)
- [x] ②エクセルへの入力
- [x] ③合計と××一覧の合計数字と照合
- [ ] ④合計が合致したことを○○先輩へ伝える
- [ ] ⑤完成した一覧を社内掲示板へ貼付する
- [ ] ⑥閲覧の承認が全員あるかを確認する

POINT

慣れてきたときにこそ、ミスは発生しやすいもの。「もう作業の流れは頭に入っているな」と思っても、あえてチェックリストで進行するのが、ミスを防ぐポイント！

04

資料は「未」「進行中」「済」でシンプル管理

会議資料、作成中の書類の参考資料、研修で配られたテキスト……。机の上にどんどん増えていく資料の山。

急に上司から「この間入力お願いした資料、持って来て」と言われても、どこにあるのかわからない！

山積み資料であわてない！

仕事をしていると、資料というのはどんどん増えていくものです。積み重ねて行方不明になってしまう前に、目印をつけましょう。「整理整頓が苦手……」という人も、コツさえ覚えてしまえば簡単です。

案件ごとにファイルをつくる時間がないときや、「頼まれ仕事」などに多い、一時的に必要な資料をまとめるときにおすすめなのが、**いったんクリアファイルに入れ、付箋などに案件名を書いて貼る**方法です。

案件名には、**「未」「進行中」「済」**という表記を記載すると、グッとわかりやすくなります。作業の経過がわかるように表示すると、見た目もスッキリしますし、資料が今どの段階だったかを常に確認ができるので、非常に便利です。

「未」は、今から手をつける分だと明確にわかるので、し忘れも防げます。「未」を見るたびにハッとして、「そうだ！　次はこれを進めよう」という警告になります。

図08 「未」「進行中」「済」でとりあえず仕分け

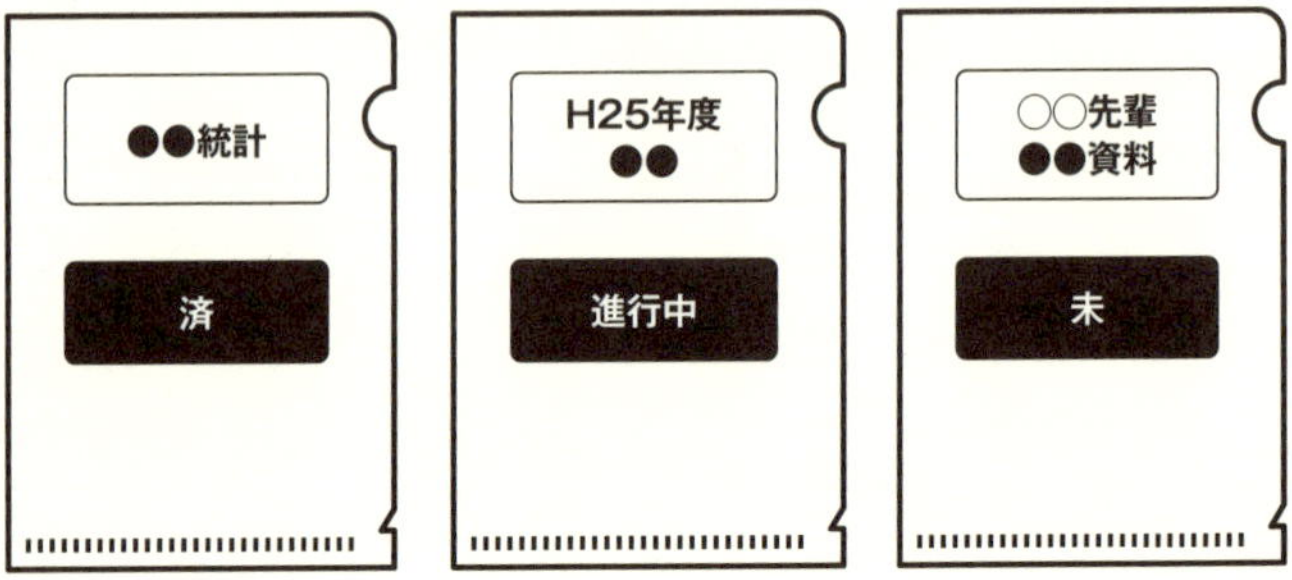

「未」ファイルの管理をしないと、うっかりそのままどこかに紛れてしまい、必要なときにはもう出てこないなんてこともあります。するとまた誰かにコピーをもらったり、一から調べたりと二度手間な行動発生の原因となります。自分が困る分にはまだいいですが、依頼者や関係する人に迷惑がかかるのだけは防ぎたいですよね。

「進行中」は、文字通り、まさに〝今〟見ている一番中心の資料です。これをなくすことはめったにありませんが、他の資料達と分類できるようにあえて「進行中」のタイトル名を目印として貼ります。

「済」については「保管予備軍」ですが、あえてそうして分けることで、進行中の資料たちとごっちゃにならないようにするための対策です。あくまでも、見たい資料を手元に素早く用意できるように分類するので、保管予備軍も仕分けるようにします。

このときに重要なのが、「未」ファイルだった作業にとりかかったら、貼ってあるタイトルの付箋を「進行中」に書き換え、更新することです。だから、簡単に貼ってはがせる付箋が便利なのです。

こんなふうに「とりあえず仕分け」をするだけで、机の上はグッと片づいて見えます。大雑把な人でも簡単にできる整理整頓術ですので、今、自分の机の上に資料が山積みになっているようなら、ぜひ挑戦してみてください。

05

「復唱＋確認」で〝理解の差〟防止

電話で「○○の形式で△△の見積もりをいただきたいと、担当の□□様へ伝えてください」ということだったので、そのように伝言メモを書いた。

後で担当者が確認の電話をすると、「○○の形式で」という部分が間違っていたらしく、注意されちゃった。私は聞いた通りにメモしたはずなのにな……。

復唱はお互いの勘違い防止になる

上司から資料のコピーを頼まれたとき、急ぎとも言われなかったので、今やりかけている自分の作業を終わらせてからコピーにとりかかろうとしたら、「もう会議はじまるんだけど、コピーはどこ？」と言われて大あわて！　という経験を、皆さんもしたことがあるのではないでしょうか？

言われたことを引き受けるときには、必ず「復唱＋確認」するようにしましょう。

言った人の頭の中の内容と、聞いた側の解釈は、結構な割合で違うものです。

また、よく「言った」「言わない」「聞いていない」ということが起きますが、これも説明する人の頭の中のストーリーと、それを説明するために使う言葉や言い回しが合っていなかったことから生まれる解釈の違いが原因です。

いずれの場合も、説明している本人の頭の中にはイメージがきちんとできているから「ちゃんと言ったし、相手にも伝わったはず」と決めつけていることがあります。

そして、受けた側も、確認しないまま「多分こういう意味だな」と自分の解釈で納得してしまいます。すると「あのときこう言ったよね?」「そんなこと聞いていません」となり、言う側と聞く側の間に「理解の差」が生じてしまうのです。

「○○を何日までに、ということですね? かしこまりました」

仕事を依頼されたとき、このような確認をするかしないかで、仕事の質も相手からの評価も、まったく違うものになります。

確認するときのポイントは、**時間(いつまでに)、内容(何を)、方法(どのように)**です。仕上がったときの状態、つまり「ゴールの姿」を確認すれば、理解の差がなくなります。

先ほどの会議の資料をコピーする話であれば、「いつまでにできていればいいですか?」という確認が絶対に必要です。

そのうえで、「今日の15時までに、資料を○部、課長の机の上に置かせていただく、ということでよろしいですか」と改めて内容と方法も確認します。

さらに、コピーした束はクリップで留めるのか、ホチキスで綴じるのかなど「方法」を確認しましょう。

図09 確認するときの3つのポイント

私の部下で、何でも快く引き受けてくれる女性がいます。

あるとき、「ホワイトボードで使いたいから、〝クレーム〟〝コミュニケーション〟って大きな文字でシールをつくって磁石に貼っておいて」とお願いしました。

私は出先だったので電話で指示をしたのですが、会社に戻って、つくってくれた実物を見て驚きました。私は1文字が10㎝角ぐらいの磁石を想像していたのですが、後輩がつくってくれたのは2㎝程度のシールサイズの大文字でした。

これは、指示の時点で大きさを言わなかった私が悪かったのですが、「大きな文字とはどれくらいの大きさにしますか?」といった確認作業があれば、お互いの頭の中の「大きな文字」にズレが生じることはありませんでした。

可能であれば、簡単なイラストを描いて「こんなイメージですか?」と確認しておくと、よかったですね。

気がきく日付や時間の復唱のコツ

特に意識して確認作業したほうがいいのが日付や時間です。たとえば「5時にお願いします」という内容を復唱するときは「17時ですね」のように、**わざと表現を変えて確認し**

ます。

「しち時（7時）」の場合、「朝のななじ」「19時」など、あえて言い換えるのです。午前か午後か、「いち」か「しち」かの聞き取り間違いなどを防止し、お互いが正確に把握できます。

復唱する確認は地味な作業ですが、とても重要です。復唱をするかしないかで、仕事がスムーズに運ぶか運ばないかが決まります。

復唱してみて、その通り、合っていたらそれでOK。安心が得られます。

復唱してみて、違っていれば、正しい内容が改めてわかり、助かります。

そして、この作業をクセにすることで、耳から入ってきた情報を頭の中にいったん入れて、論理的に説明する力、指示を正確に受けられる理解力も身につきます。

06

それでもミスをしてしまったら

「慎重に担当業務を進める！」と決意して数カ月、上司に「最近しっかりしてきたね」と褒められた。ところが、そんなときにまた小さなミスをしてしまった……。せっかく褒められたところだったのになぁ。

ミスを防ぐ工夫をしていますか？

どんなにミスをしないように心がけていても、完璧な日ばかりではありません。人間ですから、たまにはミスをしてしまうことはあります。

とはいえ、人間だからミスをして当然、と開き直ってしまうのもダメですし、必要以上に落ち込んで、別の仕事に影響を及ぼすのもよくないですよね。


毎日、同じ仕事をくり返していると、「自分流」ができ上がり、知らないうちにパターン化されてしまっています。

これまでの方法ではミスをする可能性があるということは、方法ごと変えてしまうと一気に解決することがよくあります。先輩や同僚など、他者の目線にヒントを探すと、自分では気づかなかった対処方法がみつかるでしょう。

「できる人からヒントをもらう」場合、なるべく「ちょっと教えてもらっていいですか？」と素直に聞いてみるのがいいですが、聞けない場合は「観察をする」という方法もあります。できる人を観察して、どこが自分と違うのかを見つけましょう。

これまでいろいろなミス対策をしてきたのに、それでも同じようなミスをする場合、その対策もマンネリ化してきているかもしれません。新しい目線や空気を入れることに、スピード解決のヒントがあります。

失敗分析をして「意味のあるミス」にする

ミスをしたら、「失敗分析」をして、ミスの原因を探りましょう。これをしないと、ミスを成長につなげることはできません。

失敗をしたときに大切なのは、「失敗した」と落ち込むことではなくて、次へつなげるためにどういう行動をとるか、です。ミスが起きたら、

- **ミスの内容**
- **発見場所（お客様からの問い合わせなど）**
- **なぜミスが起きたのか？**
- **本来どうするべきだったか？**

・今後どうしたら同じミスがくり返されないか？

といったことを分析することで、あなたのミスが「意味のあるミス」に変化します。

たとえば、上司への報告も「お客様間違いで他の方へ請求していました。申し訳ありませんでした」ですませるのではなく、「お客様間違いで他の方へ請求した件ですが、お客様へは○○の処理をして、了解をいただきました。原因は××だったので、今後は作業の過程で○○を取り入れて再発防止に取り組みます」という報告になります。

「ごめんなさい」だけでなく、これからはどのようにして会社の信用をなくさないよう全力を尽くすという意思表示とその手法を伝えるのですから、上司としては同じ失敗報告でも、今後担当をしてもらうにあたり安心感が出るというわけです。

ミス対策で信頼感が上がったKさんの例

私の後輩に、毎日大量の作業履歴をお客様ごとに入力する担当のKさんがいます。

まずは「氏名」で顧客データに検索をかけ、出てきた候補で確認するのが「住所」です。氏名・住所とも一致していれば、それが入力したいお客様で間違いありませんから、作業内容を入力します。

Kさんも担当を任された当初は、間違わないように緊張感を持って時間をかけて入力していました。しかし、慣れてくると入力ミスが起きるようになってきます。

このとき彼女は、「ミスがありました。気をつけます」で終わらせるのではなく、その後の行動として、「今後どうしたらミスが起きないか」取り組んだ結果、それが社内のシステムの改善につながり、今では同じようなミスはほとんど起こらないようになりました。

具体的には、まず原因を追究した結果、ミスが起こるのは「同姓同名」の人のとき、ということがわかりました。そして、本来、この業務で一番大切なのは、早さより正確さですが、作業に慣れて入力が早くなったこともあり、Kさんの意識が「早く入力する」ことに向いていたことも、原因だとわかりました。

次に、同じような作業をする同僚に確認したところ、「いつも検索する際には、氏名だけでなく住所まで必ず入力している」ということでした。

当時Kさんは氏名だけを入力していたので、アドバイス通り、検索時には住所も入力することにしました。

それまで同姓同名は目視で判断していましたが、検索時に同じ名前の候補が出てきたら「赤字」で表示されるよう、システムを改良してもらいました。

この作業で最も大切なのは「正確さ」だと気づいたこと、アドバイスを聞いて住所まで入力するようになったことで、Kさんの業務はグッと正確になり、信頼されるようになりました。

そして、システムを改良してもらったことで、Kさん以外が同じ業務をする場合にも、ミスなく入力しやすくなったのです。

ミスが起きたらその後にどういう行動をとるかがいかに大切か、わかりますね。

Part 4

信頼度がアップする「仕事の任され方」

01 「積極的」「スピード」「一番」を意識する

上司がある作業を誰に割り振るか考えていたところ、積極的な同僚が「ハイ」と手を挙げて立候補。消極的で恥ずかしがり屋な私は、決してやる気がないわけではないのだけれど、なかなか自分から動くことができない……。

周りからちゃんと認めてもらえる3つのポイント

仕事を任されるときは成長のチャンスです。

仕事を任されたら、**「積極的」「スピード」「一番」**を常に意識してください。周りから「やる気がある人」と見てもらえます。

①積極的

積極的になったほうがいいのは頭ではわかっているけど、なかなかできませんよね。でも、やる気がないわけではないのに消極的なままだと、やる気がないと受け取られてしまって損するばかりです。

積極的な人は他人から見てやる気があるように見えます。もし仮に、本当は「あまりやりたくないな」と思っていても、「やります！」と積極的なようにふるまってしまいましょう。まずは行動することで、消極的な気持ちも緩和され、「どうせ頼むなら、いつもやる気のある○○さんにお願いしよう」と信頼されるようになっていきます。

積極的に仕事を引き受けると、当然のことながら、そうでない人より幅広い体験ができ、早く成長できます。

②スピード

次に、なぜスピードが大切なのかというと、スピードがあればその分時間に余裕ができ、他のことに割ける時間が多くなります。スピードを意識せずにのんびりと仕事をしていると、時間に追われ、結果としてやっつけ仕事、雑な仕事になりやすいのです。

頼まれたことをのんびりと期限いっぱいまでかかって片づける人よりも、多くの仕事を頼まれますから、成長も早くチャンスをつかみやすくなります。

たとえば会議の議事録だったら、当日か翌日仕上げが理想。時間が経てば経つほど会議の内容や決定事項が曖昧になってきてしまうだけでなく、会議に参加したときのモチベーションも下がってしまうので、議事録の精度も低くなってしまうというわけです。

③一番

「一番」は、ここまでの2つを後押しするための要素です。何でも「一番に」と決めて行動すると、否が応でも積極的になり、スピードも早くなります。

図10　周りから認められる3つのポイント

これは、自分に指令をかけてやっていくうちに、だんだん慣れてきます。

たとえば、朝礼などで「1人ずつ前に出て、感想を言ってもらいたい」という場面でも、一番に「ハイ」と名乗り出て前に行くようにします。

このときのコツは、**考える前に一番をとる**こと。

「誰か……」という場面では、その場に緊張が走ります。だからこそ、「一番をとる」というルールを自分の中で決めておくことで、「どうしよう」と考える暇なく、とりあえず「ハイ」と言うクセをつけたほうが、実はラクだったりするのです。

02

コピー取りで差をつける

課長から「午後の会議で使うから、この資料を10部コピーしておいて」と頼まれた。「できました」と10部の資料の束を届けると、課長は「ありがとう、ホチキスしておいて」と忙しそうにまたどこかへ行っちゃった。どうせなら、一度に全部言ってくれたらいいのに。

二度手間、やり直しはなるべく防ぐ！

コピーを頼まれたときは、「わかりました」の返事と同時に、「ホチキス」「パンチ」「マーカー」の3点を確認しましょう。

ホチキス、パンチは要するに、どのように留めるかの確認です。ホチキス以外にも、クリップ、綴りヒモでくくる、きちんと製本テープで冊子にする、クリアファイルに一部ずつ入れる、など綴じ方にもいろいろな方法があります。依頼した方の好みや資料の特性がありますから、事前に確認しておくといいですね。

また、資料は会議などでの使用後、2穴のファイルに保管されることが多いので、資料配布の時点ですでにパンチで穴をあけておいたほうがいいかなどを確認します。

マーカーは、要点箇所をあらかじめ目立たせたほうがいいかどうかの確認です。

この3点セットは、「コピーを頼まれたら確認する」と決めておいたほうが、後でやり直しや追加指示を回避できます。

また、依頼者のほうも「本当はクリップで留めてほしかったのに、ホチキスで綴じられてしまった」というイメージの食い違いや、忙しく会議の準備をしている手を何度も止められる、といった手間を省くことができますので、「気がきくな」と感じてもらえます。

たかがコピー、されどコピー！

言われたことをそのままするのではなく、ちょっとした先を想像して、「気働き」「先読み」してみましょう。コピーという作業ならば、資料を手にとって使う人たちを想像してみることです。

・資料を見ているときに途中でバラバラにならないかな。ホチキスしておいたら便利かもしれない
・このたくさん書いてある文章から、大事な部分を見つけるのは時間がかかりそう。目印に大切な部分に線を引いておいたらどうかな
・課長は会議の後に資料を2穴ファイルに保管しているみたいだけれど、そういう人が多いなら、後で穴をあけるより最初から穴をあけておいたほうがラクだろうな

……など、その資料を持った人が、どのように使用するか、どのように資料を見るか、どのように保管するかを想像してみます。

コピーに限らず、何をするにしても、すんなりと物事が運ぶほうがいいですよね。それは、仕事を依頼した側ももちろん同じです。

会議中に資料がばらけてしまった、今話している数字が資料のどこに書いてあるのか見つからないなど、ひとつひとつは小さいことですが、こういうありがちな場面で、すんなりことが運ぶだけでも人間はゴキゲンになるものです。

すんなりいかない場面や誰かのことを想像して、自分がほんの少しの気配りをすることで、そうした事態を回避し、「助かった！　ありがとう」につながります。あなたの気配りは誰かが喜ぶことにつながり、あなた自身も何度も追加作業をしなくてもすむようになるのです。

先読みや気配りは、仕事を気持ちよく進め、効率的にするために欠かせないスキルです。「たかがコピーで」なんて思わずに、相手が見やすいか、理解できるかなど、**相手目線での仕事術**を身につけましょう。

03

資料作成で差をつける

売上データや集客率など、会議用の資料をバッチリ仕上げた。

でも、いざ会議がはじまると、「ここは何の数字？」「昨対比はどこ？」「この資料で一番伝えたいことは何？」など、質問の山……。自分ではしっかり作成したつもりだったけど、わかりにくいってこと？

見た人がちゃんと理解できるように仕上げよう

資料は、作成しているうちに、つい自己満足になりがちです。作成者の自分はわかるけど、人が見たら「ここはどういう意味？」「この間の案件については触れていないの？」「あれ？　ここが昨日の売上？」など、わかりづらい資料になってしまうことは、少なくありません。質問の数だけ、見た人がわかりにくいということです。

資料作成で重要なことは、**それを見る人がわかりやすいかどうか？**　という目線で作成することです。具体的には、

- **タイトルは内容と合っているか？**
- **各説明は要点を押さえているか？**
- **説明表示などわかりやすく工夫しているか？**
- **大切な箇所は色分けや下線など目立つようにしているか？**
- **内容の並べ方は順序立てられているか？**

図11 資料作成のポイント

① 資料の目的は？

② 誰が見る？

③ 要点を絞る

④ シンプルな表現

⑤ グラフや表でわかりやすく

⑥ 識別（色分け、太字、下線）

POINT

パソコン作業中は、
こまめに「保存」するようにしよう。
せっかく作成した資料が消えてしまった!
なんてことも……。

など、自分のつくりやすさなどではなく、あくまでも見た人が理解しやすいか？　役立つか？　という目線で作成します。

すると、質問も少なく、気のきいた資料が仕上がるはずです。

また、一度仕上がった資料を事前に上司や関係者に見ていただくのも手です。そのときに出てきた質問をもとに修正をして整理すると、質の高い仕上がりになります。

04

「先読み仕事」のちょっとしたコツ

上司から「A部門とB部門の作業件数が知りたい」と言われ、私がA部門、YさんがB部門を調べることになった。資料提出時、上司が「○○のデータも見たいな」と言うと、Yさんは事前に準備していた資料をさっと出し、「気がきくね！」と褒められていた。そんなことまで気が回らなかったよ……。

気がきく人の先読み仕事

先読みの仕事とは、「この仕事をしたときに、こういったことが起きるかも？　そしたら、こうしておいたほうがいいな」と想定して仕事を進めることです。

先読みしていないと、「仕事を進めていたら進行を妨げることが起きて、それを回避するのに3日かかった」なんてことも。先読みしていれば、想定内のトラブルですから難なく対処をして、スムーズに仕事を進めることができるでしょう。少なくとも、最悪の事態を回避することができます。

先読み仕事をすることで、二度手間・無駄・抜け・漏れなどのミスがなくなり、作業効率がアップします。また、相手のかゆいところに手が届く仕事ができるようになるので、「気がきくね」と褒められたり、「助かった」と感謝されたりするなど、自分だけでなく、周囲の人もラクになります。

以下、先読み仕事の例をいくつかご紹介しましょう。

来客時の先読みのコツ

来客者は、商談なり会議なり、何らかの目的に応じていらっしゃっています。ですから、来客者にスムーズに目的を達成していただけるよう、「おもてなし」の準備をしましょう。

来客の準備をするときに、最低知っておきたい情報は4つ。

①目的

お客様は、商談、会議、打ち合わせ、プレゼン、営業、見学、謝罪、報告など、どんな内容でいらっしゃるのかを事前に調べておきます。その内容に合わせて、準備する部屋や、必要なものを検討します。たとえば、プレゼンならプロジェクターは必要か？　現場見学ならばヘルメットは？　などです。

②人数

お客様の人数と、こちら側の参加人数を把握しておきます。それによって、準備するスリッパやお茶の数が変わってきますね。

③相手の方の関係

お客様の肩書や、自社との関係などをあらかじめ知っておき、席へのご案内や、お茶をお出しする順番を気にかけましょう。

④所要予定時間

来客にかかる時間の目安もわかっているといいですね。長時間の打ち合わせなどであれば、途中でお菓子をお出ししたり、お茶を入れ替えたりする必要があります。早く切り上げる場合なら、お茶出しのタイミングに配慮しなければなりません。

これらの情報をもとに、環境を整えておき、お客様を「おもてなし」します。冷暖房を少し前からONにしておく、机の上をきれいに拭いておくなど、来客者の目的がスムーズに運ぶように準備しましょう。内容にもよりますが、お客様の「居心地のよさ」を第一に考えてください。

上司と外出するときの先読みのコツ

一緒に外出する上司や同僚などの特徴をつかんでおけば、先読みすることができます。

たとえば、私の場合、社長につきそって会合などへ参加するときは、万が一社長がお忘れになった場合を考えて「社長の名刺」を持参します。

また、上司と取引先に行くとき、今日は喉の調子が悪そうだなと思ったら、「のど飴」をカバンの中に入れておきます。


上司に同行する際は、相手の普段の行動や、その日の様子を観察しながら、「『助かった』と喜んでもらえそうなことは？」と想像しながら準備しましょう。

もしかすると、その準備が必要になる場面はないかもしれません。でも、いざそれが必要になったとき、「助かった！　ありがとう」と喜んでいただけます。先読みのサプライズが成功すると、うれしいものです。

先読み力はいろいろな場面で発揮できる！

先読み仕事のヒントは、いつもの職場にたくさん潜んでいます。

たとえば私の後輩は、研修に必要なテキストを人数分お願いしたら、「それを持って出かける私」を想像して、資料を透明ファイルに入れ「〇〇用テキスト　〇部」などとメモをそえて封筒に入れておいてくれます。

いつも気配りをしてくれるその後輩は、私が「助かったぁ！　忙しいのに、ありがとうね」と言うと、決まって「大丈夫です！　他にもあればいつでも言ってください」と笑顔で返事をくれます。この「大丈夫です。また私に依頼してください」という、次に仕事を頼みやすくなる言葉をそえるのも、先読み仕事のポイントですね。

また、ある後輩は、私がいつも使っているメモがなくなりそうになっていたら、私が席を外しているうちに中身を取り替えてくれます。小さなことですが、「感動」です。

あなたの職場でも、指示されていないことにちょっと気を回してみると、自分と周囲の仕事がスムーズに運ぶ先読みの仕事のヒントが見つかるはず。

職場でちょっとした「**先読み仕事のサプライズ**」を行なって、たくさんの「ありがとう」をもらえるようになれば、仕事がどんどん楽しくなっていきますよ。

05

1日最低3回の「報連相」をクセづける

普段使っている伝票を新しくすることになった。担当者として印刷業者さんと相談しながら発注して、いよいよ納品。

すると、「この欄がわかりにくい」「ここの書き方が間違ってる」と次々と指摘が……。「せめて印刷に回す前に、確認しないと」と叱られてしまった。

報連相は習慣化しよう

報連相は、社会人になると当たり前のように使う言葉ですが、「報告・連絡・相談」を指しています。

報連相は「したほうがいい」ことではなくて「仕事の一部」です。報連相をしなかったことで冒頭のようなミスが起こるデメリットはあっても、報連相しすぎで叱られることはないと覚えておきましょう。

1日に最低でも3回は上司・先輩に自分の作業の報連相を習慣化してください。

・報告

仕事の報告をするのは、業務の大事なプロセスです。経緯をはじめから話すのではなく、**「結論が先」を心がけ、要点を絞って報告する**のがポイントです。

特にミス、トラブル、クレームなどのマイナスのことほど素早く報告しましょう。また、長期にわたる仕事の場合には、中間報告を忘れずに。

・**連絡**

連絡を行なうときは相手への配慮、心配りを大切にしましょう。当然ですが、連絡をするのは相手があってこそ、です。

ですから、たとえばメモや伝言を書いて机に置いたとしても、顔を合わせたときに「○○さんからの伝言を書きましたよ」などとひと言そえると、相手も見落としを防げ、その心配りで相手はあなたへの信頼感を強く持つようになります。

「連絡」で大切なのは、**「言った」ではなくて「伝わったかを確認する」こと**です。人は思った以上に人の話を聞いていないものです。特に、朝礼など全体へ向けての連絡であれば、他人事だと思って聞いていない、話が長くて途中で興味を失ってしまった、などのことはよくあります。「今の説明で伝わりましたか?」と、確認するようにしましょう。

また、伝わらない原因には、単純に「連絡をし忘れる」ということがあります。よくあるのが「後で言おう」と後回しにした結果、忘れてしまったというパターンです。連絡に限ったことではないですが、**「面倒がらずに、必要なときには即行動」**を心がけましょう。

以前、自動車販売店の集まりで研修をさせていただいたとき、実際にあったクレームを聞いてみると、一番多かったのがアポイントや修理に関する「連絡漏れ」でした。お客様がせっかく仕事を依頼してくださっているのに、もったいないことです。

・相談

相談は何のためにするのかというと、問題をよりよく解決するためです。自分の知恵やアイディアには限界がありますし、自分の考えには「傾向」がありますから、どうしても似たような発想になってしまいます。人の意見や知恵を借りることで、解決への道が開けたり、新しい発想に気づくことができます。

自分でなんとかしようと、ギリギリまで1人で抱え込んでやっと相談するという人も多いですが、会社全体や他部署へも影響する、またお客様に迷惑がかかることにつながるような案件であれば、早めに相談しましょう。

一点、忘れがちだけれど大切なことがあります。それは、**問題が解決した後に、相談した相手の方へのお礼と結果の報告をする**ことです。相手が上司であれ同僚であれ、忙しい中時間を割いてあなたの相談に乗ってくれたのですから、きちんとお礼を言いましょう。

「○○の件ですが、順調に進んでいます。先日は相談に乗っていただいて、ありがとうございました」と、**「何の件か」と「結果」をセットにして報告する**のがポイントです。

06

業務の報告は「進行中」と「完了時」

部長から「消耗品の経費削減担当をお願い。1年後にどのくらい減っているか楽しみにしてるよ」と任された。まず最初の1カ月で、今かかっているコストを調べて、月例会議で発表しようと思っていたのに、部長は毎週「どうなった？」「進んでる？」と確認してくる……。

しっかりした報告で信頼度を上げる

こういうこと、よくありますよね。「部長ってせっかちだなあ。ちゃんと取り組んでるし、任せてほしい……」。あなたにしてみたら、そんなふうに感じるかもしれませんね。

でも、短時間で終了するような仕事ならともかく、はじめての内容や、半日以上かかるような内容、例題のように長期にわたる仕事の場合は、必ず依頼者に業務の報告をしましょう。

報告といっても、どのタイミングですればいいのかわからないという人は、**ひとつの作業に対して最低2回**と覚えておきましょう。

それより多く確認したほうがいいと思われるときや、依頼者から「ここまでできたら」「○日に一度は」などと報告のタイミングを指示されているときは、もちろんその都度、報告や相談をするのは大前提です。

1回目の報告

まずは、仕事を任された後、「方向性や形が少し見えてきた」という初期の段階で1回目の報告をします。

これは、「このように進めようとしていますが、この方向性でＯＫですか？」というお伺いのためです。

なぜこの段階かというと、前にも述べたように、**仕事を依頼した側の頭の中のイメージと、それを聞いて進める側のイメージとが一致していることはほぼない**からです。だから、最初の段階でイメージ確認をするわけです。

ありがちなのは、まったくイメージが違うまま、自分では「そうだ、こうしたらいいな！」と、よかれと思って進めたところ、依頼者の意図と全然違っていたので全部やり直し、というパターンです。

こうなってしまうと、せっかく頑張って作業をしたあなたにも不満が残るし、あなたの作業を待っていた依頼者側も、やり直しの時間をとられてしまい、双方にマイナスです。

そうならないために、方向性が見えたらまずは、それで進めていいのか、というすり合わせをする必要があるのです。

2回目の報告

そして2回目の報告は、完成したときの報告です。

完成したものの提出先が依頼者ならば、必然的に完成したことが相手に伝わりますが、たとえば、「できたらそれを○○さんへメールで送っておいて」「調べた結果を今度の会議で報告して」「完成したらファイリングして棚へ保管して」など、完成後の引き渡し先が依頼者でない場合、「終わりました」ということを当然伝える必要があります。

完了したらそれにホッとしてしまって終了、ということはよくあります。依頼した側は、「頼んだあの件、どうなったかな？」と気にかかっているものです。

きちんと終了したことを依頼者に報告して、そこではじめてその仕事は終了します。終了の報告をしなければ、終わっていないのと同じなのです。

「作業開始の初期段階で方向性確認の報告」と「仕上がったら完了の報告」、最低でもこの2回は報告をすることを絶対ルールとしてください。

すると依頼者も「○○さんはやるな」とあなたの仕事の姿勢に信頼感を持ち、あなたに任せたことに対して「安心」を得られるのです。

07

信頼関係をつくる「伝言メモ」のルール

お客様からのお電話で○○さん宛てに「見積もりの件で連絡がほしい」という伝言を承った。

あいにく○○さんは不在だったので、伝言メモを残したけど、翌日、同じ方から「昨日連絡をいただけなかったんですけど」と再度のご連絡。ちゃんとメモには残したけど、気づかなかったのかな……。

メールで伝えても、会話で再度伝える

会社勤めをしていると、冒頭のようなことは割とよくあります。言った言わない、聞いていない……。伝言って、簡単そうでなかなか難しいものです。こういうときは、伝言メモやメールで文字として残したとしても、**口頭でも直接伝える**のがコツです。

また、口頭で伝えるだけよりも、書き残すことで、処理忘れが防げる場合もあります。ですから、書いたからおしまい、言ったからおしまい、ではなくて、**相手がそれを理解したか？　伝わったか？　の確認までが伝言**だという意識を持ちましょう。

このダブルの伝言をすることによって、三者の「困った」が防げます。

その三者とは、まずは自分です。「メモを見なかったから知らないよ」と担当者に言われたら、見なかった担当者に非があったとしても、やはり責任を感じてしまいます。社内でどういう連絡の不備があろうと、それはお客様には関係のないことですから、お客様からすれば、伝えた人の力不足となります。

次に担当者の「困った」です。担当者は今後もやりとりをする、お客様に一番近い人で

す。その大事な相手から信用を失ってしまうのです。担当者だけに留まらず会社としての信用問題に関わってくる可能性すらあります。そして、外出から戻ったら伝言メモを確認するという行為をしなかった反省も残ります。

そして何より、お客様の「困った」。理由はどうであれ、冒頭の例では、お客様は急ぎで連絡がほしいという状況にあったわけです。それに対して何の連絡もなかったのですから、会社に対する不信感と不快感を持ってしまいます。

このようにダブルの伝言で得られるメリットには、次のことが挙げられます。

①お客様の信頼を失うことがない

わざわざ自社に問い合わせるというアクションを起こしてくださったお客様に対して、何のお返事もしないのは、本当に失礼です。お客様の満足度を常に追求するのが商売ですから、せめて例題くらいの要望にお応えするのは基本の礼儀と言えるでしょう。

②担当者の仕事のサポートができた

こちらが伝えたはずでも伝えきれていなかったのならば、担当者の負担をつくってしまったとも言えるかもしれません。取り次ぐ役を引き受けた者の責任として、伝えきれたときが、責任を全うできたとき、と考えましょう。

③あなたと担当者との信頼関係ができた

メモに書いたうえで、口頭でも伝えてくれたおかげで、伝言を把握できたわけですから、担当者は感謝するでしょう。また文字のやりとりだけでなく、会話をすることで職場のコミュニケーション効果もあります。

④社内の流れをよくした

仮にあなたが担当者に「私はメモをきちんとしました」と言い、担当者が「メモに書いてあっても見られないこともある。会ったときにひと言言ってくれてもよかったのに」などと、どちらが悪いかを探るような話になったら、当事者たちだけでなく、周りの空気も悪くなってしまいます。

ダブルの伝言をするという、ほんの少しの気配りで、三者の「困った」を防ぐことができ、大きな成果を生むのですから、実践しない手はないですね。

08

わからないことは素直に質問する

ある日、上司が私のところへやってきて、「今度の会議の資料、つくっておいてね」とだけ言って立ち去ってしまった。思わず「はい！　わかりました」と返事をしちゃったけど、どういうふうにつくればいいんだろう。ちゃんと聞けばよかったな……。

今聞かないと、大変なことになるかも？

「今の指示、どういう意味？」「用語がわからない」……こういうこと、ありますよね。

まずは返事をしなくてはいけないと、「はい！」と言ってから、実際に動こうとしたら「あれ？　これはどうするの？　どういう意味の指示だったのかな？」と止まってしまうこともあります。

そんなときは、わからないことは素直に質問することです。疑問があればしっかり確認作業をして、ハッキリさせることが大切です。

一度「はい！」と引き受けた手前、「聞き直したら失礼なんじゃないか」「怒られるんじゃないか」と、遠慮してしまうかもしれません。

でも、「もう一度お願いします」と丁寧に言って、叱られることはまずありません。もし、叱られたとしても、自分の解釈だけで作業を進めてしまい、後から大変なことになるよりもずっといいです。

ポイントは「**素直に聞く**」。それに尽きます。

恥ずかしいとか、わかったふりをしないで、余計なことを考えず、「わからないです」と素直に伝えてしまいましょう。なぜなら、ここで正しい処理をすることが、あなたや依頼した上司、それを手にする第三者、みんなにとって一番いいからです。

たったひと言、「もう一度教えてください」と言わなかったことで、勘違いした処理をしてしまうと、結局やり直しになって、時間も労力も倍かかることにもなります。ましてや、やり直しがきかずに関係者に大迷惑をかけることになったら大問題です。

指示の内容ではなく、会話の中に出てくる専門用語、略語、英語の単語などが理解できないことも多いです。その業界、会社、職場の中でよく使われる単語や名称というのは、大抵どの会社にもあるものです。

伝える側が配慮をして、うまく言葉を換えて指示できることが望ましいですが、配慮の暇もなく、つい専門用語が出てしまう場合があります。

知っている人にとっては日常的に使っていて簡単な言葉でも、初耳の人、その専門に携わったことのない人にとっては意味不明な言葉です。

まずは、自分の会社が扱っている商品やサービス内容の専門用語は覚えておく必要がありますが、わからないときは早めに人に聞きましょう。

質問は図々しい行為ではない

会議や説明を受けるときにも、この「わからない」は訪れます。「知らない自分、わからない自分のレベルが低いのだから、わざわざ質問するのは恥ずかしくて図々しい」と感じ、質問をすることで話を中断させてしまうのは迷惑だろう、と感じるかもしれませんが、それは思わなくて大丈夫です。

会議の場に参加しているのであれば、内容を把握する義務があります。わからないのにそのままボーッと参加しているほうが迷惑かもしれません。

わからないことは恥ずかしいことではありません。もしかしたら、同じ疑問を他の人も持っているかもしれません。知ろうとして、質問をする姿勢が大事と考えましょう。

ただし、質問は後でまとめて受け付けるという進行の会議や、時間がないので後日続きがある会議などは、自分の周囲のわかる人に、その場以外で質問する工夫をしましょう。

Part 5

“できる人”と思ってもらえる「仕事の段取り」

01 常に「もっと短縮化」をめざす

大量のコピー、郵送物の封筒入れなど、量が多く同じ動作をくり返して仕上げる作業は、なかなか大変。もっとムダなく早くできる方法はないかなぁ。

効率のいい仕事のやり方が「できる人」への近道

「雑用」といっても、会社の中では大事な仕事。表に出てはきませんが、細かい作業をしてくれる人がいてこそ、その作業のおかげで他の誰かの時間がつくれ、別の仕事が進んでいます。

特に、冒頭のような量が多いくり返しの作業や、大量の資料を仕上げる作業のときは**「もっと短縮化する方法」**を探してみてください。

コツは、ゲーム感覚でやってみること。普段30分かかるこの作業を20分で終わらせるにはどうすればいいだろう？　と楽しみながら考えます。

短縮化の方法は、自分のやりやすさもあるので、ひとつの方法とは決まっていません。たとえば、大量にコピーをして同じ冊子をつくるのであれば、まずはコピーをすべて終わらせてからホチキスで留めていくのか、10冊分ずつコピーをしてホチキスで留め、その間に次の10冊分のコピーを進めるのかなど、自分が一番効率よくできる方法を探します。

とにかく何の作業をしているときでも、**仕上がりの質を下げないで、時間を短縮できる方法**を見つけるようにしてください。

これが習慣になると作業のストレスが半減し、周囲からも「仕事ができる人」にスピード昇格です。何かをするのに時間がかかる、段取り悪くてもたついている、そんな状態は、その仕上げを待っている人や、周りで見ている人にもストレスを与えてしまうもの。効率よく作業をこなす人の動きは、自分も周囲もスッキリした気分にさせてくれます。

●ほんの少しの意識の差で作業が楽しくなる

この短縮化ですが、自分だけで答えを出す必要はありません。周囲の人、同僚や手際のいい人のワザを盗んだり、「この作業、いつも時間がかかってしまうんだけど、何か早くできる方法あると思う?」と聞いてみましょう。

仕事のアイディアは自分1人では思い浮かぶことに限界があります。**効率のいい方法を考えることに時間を使って、結果として全体の作業時間が増えてしまったのでは意味がありません。**

私が事務職をはじめたばかりの頃、月末になると5000枚ほどの請求書を封筒に入れ、最終チェックをする作業を4人でしていました。

折りたたんで封筒に入れたときに、宛先の氏名が封筒の窓に出るようにするには、折り目にコツがあります。最初は1枚1枚丁寧に折りたたんでいましたが、慣れてくると、どこを目印に折ればキレイに折れるかコツがわかって、1枚ずつ折っているのがもったいない気がしてきました。

試しに数枚揃えて同時に折ってみると、問題なく折れたので、これまでの作業より早くなりました。しかし、あまり多い枚数を同時に折ると、キレイに折れません。それぞれで、同時に何枚までならキレイに折ることができるかを試して、限界の枚数を決めていったのです。

そして、請求書を折る人と、それらを封筒に入れる人とで作業を分担しました。同じ作業を何人もの人間がするより、二手に分かれて作業を分担することで、一気に効率を上げることができました。

作業が進んでいくと、請求書が入った封筒が回ってきたら、ひたすら封筒の口を折り、のりづけする担当。でき上がった封筒の束を、ひとつひとつ宛先が見えているか、テープはきっちり止まっているか、枚数は何枚かなど最終のチェックをする担当、とさらに分業化が進みます。

このようにして作業時間短縮を楽しみながら、チームワークもよくなるという、一石二鳥なやり方でした。

毎日同じ業務だな、と思わずに、常に「もっと早くできる方法はないかな?」と問いかけながら作業をしましょう。

大量に同じことをくり返したり、毎日同じ作業をするからこそ、楽しみながら行なう工夫を見つけましょう。

思いついた方法は、一度実験してみて効果がなければ、また次の方法を試すことができます。そうしているうちに効率のいい方法が見つかるし、試行錯誤することがきっと楽しくなりますよ。何より達成感を味わえます。

図12 「もっと早くできる方法」をみつけよう

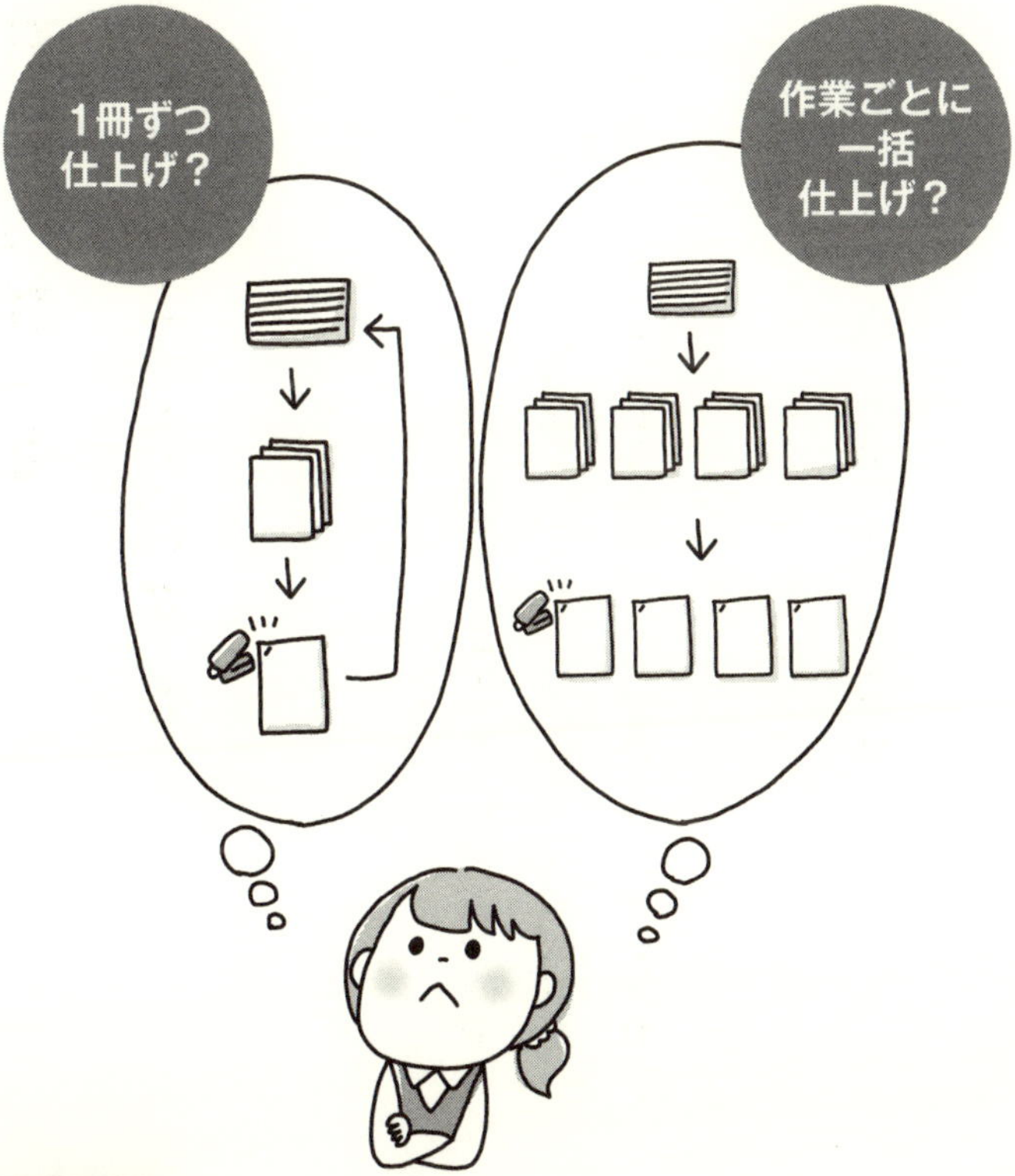

POINT

**手抜きをせずに、早くできる方法を探そう。
仕上がりの質はそのままで！**

02

「本日の行動」をチェックリスト化する

「今日は○○と△△は終わらせなきゃ」と頭で想像して、メール確認をしていたら、返信に結構時間がかかった。午後は電話取り次ぎが多くて、それぞれこなしていたら、気づいたらもう16時。○○と△△は仕上げたかったのに、まだ手をつけていない！　とりあえず○○だけでもできるかな……。

1日の仕事を決めてスムーズに進めるコツ

あの仕事と、この仕事は今日中に片づける！　と頭で考えていても、急に追加の仕事を頼まれて気づけば違うことに時間がかかったり、電話がいつもより多かったりして、結局手つかずで、明日へと持ち越してしまった……なんてこと、ありますよね。

そこで、朝、**「本日の行動」をチェックリスト化する習慣**をつけましょう。

朝、出社したらその日にする作業を思い浮かべながら、大きめの付箋メモに時系列で書き出し、パソコンやデスクの上などに付箋メモをペタッと貼り付けましょう。

面倒なこと、苦手なことは後回しになってそのまま忘れてしまうことが多いので、あえて午前中に予定を組み込むのがコツです。

朝のうちに苦手な作業をすませて、ボリュームのある内容や腰をすえて行なう必要がある仕事を、午後に時間をかけて取り組めるように予定を立てると、効率が上がります。

作業の横には、それを何時までに仕上げるかの目標終了時間を、赤字で書き込みます。

期限を赤字で書いて、仕事のスピードアップ！

「この時間までに終わらせる」という目標終了時間を書くことで、それぞれの作業にかける時間を意識するようになり、仕事がはかどります。

そして、終わった仕事からリストにチェックをしていきます。

1日のチェックリストを作成すると、仕事の効率がグンと上がります。

作業を列挙して時間順に並べ替えるだけのアナログなチェックリストですが、仕事の段取りをするのにかなりのお助けアイテムです。今やるべきことが一覧で見ることができ、リストにチェックを入れていくたびにちょっとした達成感があって、仕事がサクサク進みます。

目標終了時間を明記することで、「何時までに、これをするんだ！」と意識するようになるので、仕事のスピードアップにもつながります。

何より、作業の抜け・漏れがなくなります。

もし、予定していた作業が、別の割り込み仕事が入ったから明日に回すことになっても、

図13 「本日の行動チェックリスト」の例

☑	○○さんへお礼	8:10
☑	メールの確認	8:15
☐	出張報告書の作成	9:00
☐	会議議事録作成	10:00
☐	会議報告を部署メンバーへ周知	13:00
☐	○○資料作成	15:00

うっかり忘れてしまうことなく、翌日以降の仕事の段取りとして組み込むことができます。

仕事の抜け・漏れがあったり、優先順位の低い仕事なのに時間かけて仕上げたり、気づけば時間が経過してしまっていたり……思いつくまま手をつけていては、そんなムダが増えていってしまいます。

終業時間にはなったけど、時間が経っただけかも？　なんてことがないように、1日の時間割をつくって、効率的に1日を使いましょう。そうすれば、気分よく退社できますよ。

03

任せられた仕事は「5W1H」に分解する

仕事にも慣れてきて、「○○の件、よろしくね」というざっくりした仕事の指示も増えてきた。信用してもらえて、任せてもらえるのはうれしいのだけれど、本当はまだ不安だし、細かく指示をしてもらってその通りに動くほうがやりやすい……。

「お任せ仕事」をどう考えるか？

細かく指示をしてもらって、仕事の一部分を担当するのはラクですよね。合格ラインが「言われた通りにこなすこと」なので、自分で考えなくていいからです。

仕事を「一から任せられる」となると、何をどのような順序でどうやってやるのか、と頭を使わなければならないので、慣れないうちは不安だし、大変に感じるかもしれません。そんなときは、これからお伝えする手順に従って、「お任せ仕事」を進めましょう。

お任せ仕事の進め方に迷ったら、「**5W1H**」に依頼された仕事を当てはめて、整理をしましょう。

「5W1H」とは物事を整理して伝えるときや、計画的に物事を進めるときに押さえておくべき「Who（誰が）、What（何を）、When（いつ）、Where（どこで）、Why（なぜ）、How（どのように・いくらで）」のことです。

たとえば、上司から新企画の発表会の準備を任されたとします。

「○○部署で11月に発表会しようと思うんだ。君が段取りしてくれる?」

この「お任せ仕事」を5W1Hで段取りを整理していってみましょう。

①Who（誰が）「参加者は誰か? 参加不参加が決まっていなければ聞いていく」
②What（何を）「新企画の発表会」
③When（いつ）「決まっていなければ日程調整する」
④Where（どこで）「場所を決める」
⑤Why（なぜ）「『新企画の内容を部署部員に周知するため』など、依頼者の狙いや今回の趣旨を確認する」
⑥How（どのように・いくらで）「どのようなイメージで開催するか?」「いくらの予算にするか?」

この中で、最初にするべきことは、⑤Why（なぜ）という部分の確認です。なぜ今回、上司は発表会をしようと思ったのでしょうか?

その意図を確認せずに自分の感覚や思い込みのみで進めていった結果、「こんなはず

図14 段取りの5W1H

① **Who**（誰が）
「参加者は誰か？」

② **What**（何を）
「新企画の発表会」

③ **When**（いつ）
「決まっていなければ日程調整がいる」

④ **Where**（どこで）
「場所を決める」

⑤ **Why**（なぜ）
「依頼者／主催者の狙いは？」

⑥ **How**（どのように・いくらで）
「どのようなイメージで開催するか？」

「いくらの予算にするか？」

じゃなかった……」と、主催者の思いとズレが生じてしまうかもしれません。
「なぜこの会が行なわれるのか」ということは、会場にも関係してきます。また必ず参加してほしいキーマンもいるかもしれないので、まずはその人の予定を押さえないと趣旨に合わないことにもなります。

また、このときに⑥How（どのように・いくらで）も確認しておくと、次の段取りがグッとラクになります。

そして、③When（いつ）は上司、キーマン、中心になる人たちが大丈夫な日程を先に押さえて、予備日も押さえていたほうがいいですね。

ここまでを固めたうえで、次に①Who（誰）の参加者を確定していきます。人数によって、④Where（どこで）が左右されることもあります。

自分の仕事は全体のどの部分？

仕事は、思いついたことから闇雲に進めるのではなくて、一度、5W1Hで整理してみると、自分のやるべきことが見え、仕事を進めやすくなります。

毎日仕事を黙々と進めるうちに「仕事をする」というよりは「作業をこなす」という状態になってしまいがちです。ふと誰かに「その作業、何のために必要な作業なの？」と聞かれたときに、「何のためにって言われても……。入社したときから先輩にこれを毎日するように言われたから」と答える人が少なくありません。

この仕事は「なぜ」する必要があって、「誰」と関係し、最終的には「どのような」目的へたどり着くのか、もしこの作業をしなければ、「どういう」影響があるのか、考えるクセをつけましょう。

自分のしている仕事が、全体のどの部分で、どういう意味を持つのかが見えたとたんに、仕事がきっと楽しくなりますよ。

04

周りの人のスケジュールをチェックする

今日はA部長からのファイル整理と、B先輩からの資料作成と、C係長からの冊子コピーを仕上げる予定。ちょうど1日かかるかな、と段取りしていたら、「この資料、数字の間違いがないかチェックして」と新規の依頼。「はい」と引き受けたのはいいけど、今日1日で全部できるかな……。

周りの動きにアンテナを張ろう

朝礼がある会社だと、各人の1日の予定を報告することが多いと思います。自分の状況は、「今日は請求書の処理をします」と言うだけでなく、「月末着で発送する請求書を100通ほど処理予定です」と期日や量をあわせて発表すれば、「今日は○○さんは忙しそうだな」と周りに伝えることができます。

たとえば、デスクワークの事務作業の場合、していることはその日によって違ったとしても、周りからは、そのときの忙しさや処理量の状況はわかりません。だから、忙しくて目が回りそうなときに、急な割り込み仕事を依頼されてしまうこともあるのです。

あわせて、周りの人の仕事もチェックしておきましょう。朝礼などでも他人事だと思わずに、自分に関係する情報だと受け取ることが大事です。

同僚の予定をよく聞いておけば、今日少し時間に余裕がありそうな人に手伝いをお願いすることもできます。業務中に「今日は△△へ行く」という会話が聞こえてきたら、ついでに先方へ渡してほしい資料を預けることができるかもしれません。逆に自分が出かける立場なら、それを発信することで「じゃあ、一緒に◇◇に寄って商品を受け取ってきて」と誰かの仕事を助けることができるかもしれません。

私の部署では受付業務があるので、各部署の動き、現場担当者の行き先や戻り時間が頭に入っていないといけないので、朝礼でのメモは欠かせません。

ただ、全員の行動予定をすべて記憶することはさすがに難しいので、大きな壁掛けのホワイトボードに全員の行き先、欠勤を書き込めるようにし、外出する人は各自で記入するように改善しました。

その後、チーム内の行動把握はさらに改善され、現在では各自のパソコンでどこの部署からも全員の予定を閲覧できるようになっています。

他の人の予定なんて、電話の取り次ぎのときくらいしか意識したことがないという方も、毎朝せめて同じ部署内の人の予定はチェックする習慣をつけておきましょう。

周りの人のスケジュールを知るメリット

周囲の動きを把握するメリットには、以下のようなものがあります。

・「A課長、今日は出張⁉　どうしても確認したいことがあったのに……」という事態を避けられます。予定がわかっていれば、前日に聞いておく、資料を置いていってもらう、他の人に仕事をお願いするなど、対応ができます。

・他の人の予定を把握すると、「A社に行くとき、これもお願いしてもいいですか？」「○○の作業をするとき、これも一緒にお願いできますか？」などと、お願いをすることもできます。ついでがあるなら、快く引き受けてくれる可能性大です。

・お客様から「○○について教えてほしい」と連絡があったら、誰に取り次げばいいか、判断することができます。

日々、自分が担当している仕事をこなしてばかりいると、「個人の仕事」と思ってしまいがちですが、そもそもは「会社の仕事」です。チームでスムーズに仕事を進めていくためにも、周囲のスケジュールを把握しておきましょう。

05

会議の準備がスムーズに運ぶコツ

毎月15日に行なわれる部門会議。「今回も、段取りと当日の進行お願いね」と上司から指示された。前回は、資料の準備に手間取ったりして、会議の直前までバタバタして大変だったんだよね。今回はスムーズに進めたいけど、どうすればいいのかな？

会議の段取りは時間の逆算で当日を迎える

会議の準備は、なかなかスムーズにいかず、当日バタバタすることが多いですよね。会議の開始頃にはヘトヘト……なんてことも結構あります。

会議の準備のコツは、目的や立場によって異なりますが、ここでは「毎月定例で行なわれている部門会議」という設定で、会議当日までの準備のやり方を説明します。

会議の段取りがスムーズに運ぶコツを実践して、上手に時間を逆算し、当日のバタバタを少しでも減らすようにしましょう。

(1) 事前確認（会議の1週間前）

会議の主催者や中心となる人に、以下のことについて事前確認を行ないます。

①開始時間と所要時間

②目的

③今回の狙い（「目標の進行チェックを徹底したい」など）

④レジュメ（流れ）

⑤進行イメージ（意見を多く出し合う、その場で改善案まで出してつくり上げるなど）

⑥場所・レイアウト

⑦備品（ホワイトボードやスクリーン、パワーポイントなど）

ここが抜けてしまうと、当日にあわてる、会議が無意味になる、会議をやり直さなければならなくなる、などの事態になってしまうかもしれません。上司や会議の主催者にしっかり確認して、今回の会議の「ゴール」のイメージを聞き出しておくと準備がスムーズにいきます。

（2）参加者へ発信（会議1週間前）

会議の参加者に、

①会議の開催日時や内容

②会議資料の提出期限

などを案内します。発信方法は社内メール・お知らせの回覧などですが、いずれにしても承認の返信がわかるようにしましょう（「見ましたよ」の印など）。

参加者へしっかり周知することで会議の流れを今からつくっておきます。

(3) 会議の根回し(会議1週間前～当日)

できれば、会議の参加者と意識的にコミュニケーションをとりましょう。といっても、雑談をして、仕事や趣味のことを話す程度でOKです。これは、参加者同士の距離が縮まっているほうが、会議をスムーズに進行しやすいからです。

可能ならば、会議の狙いなどを情報共有しておいたり、自分の発表で周知したい内容がある場合、当日までに周りに話しておくと理解が早まるなどの「根回し」をしておくと、会議当日の成果が上がりやすくなります。

(4) 自分の会議資料作成(会議1週間前～2日前)

自分の資料は、会議の2日前には仕上げましょう。

①目的に合っているか?
②伝えるメッセージが明確に表示されているか?
③見た人が理解しやすいか?
④シンプルか?

これらを踏まえて作成します。

そして、その資料を使って事前にシミュレーションで発表してみましょう。説明しにくいと感じるかどうか意識しながら、実際に話してみます。

説明の不足やダブリを見つけたら、資料を修正して完成度を上げておきましょう。可能ならば、事前に一度上司に見てもらいます。

資料の完成を前日に目標設定してしまうと、結局、期限ギリギリになってあわてることになりやすいものです。完成目標を2日前にすることで、スピードと質を上げることができますよ。

(5) 会議資料の準備 (会議前日)

会議資料は、前日に余裕を持って準備します。

各参加者の資料を配布する場合は、前日の午前中までにすべて提出してもらい、午後にコピーやセットの作業を行ないます。

①複数の人の資料がある場合は、最低でも前日の午前中までにもらっておく

②レジュメ順にセット

③提出遅れる人は自分で枚数を準備してもらう

④可能であれば上司にもお目通しいただく（順番の入れ替えなどがあるかもしれない）

（6） 2時間前に準備完了が理想（会議当日）

会議の準備は、資料だけでなくさまざまあると思います。

①テーブル・イス

②冷暖房（タイマーでもいい）

③備品（ホワイトボードやスクリーン、パワーポイントなど）

④資料セットを机に配布

⑤お茶出しの準備確認（必要であれば）

これらの準備は、可能ならば分担してスピーディに行ないましょう。

準備完了時間を設定しないと、バタバタしてしまいがちです。準備完了は、開始の2時間前をめざしましょう。

会議の開始が13時だったら、準備完了ゴールを13時前にするのではなく、2時間前の11時には完了することを目標とします。

図15 会議の準備は逆算して段取りしよう

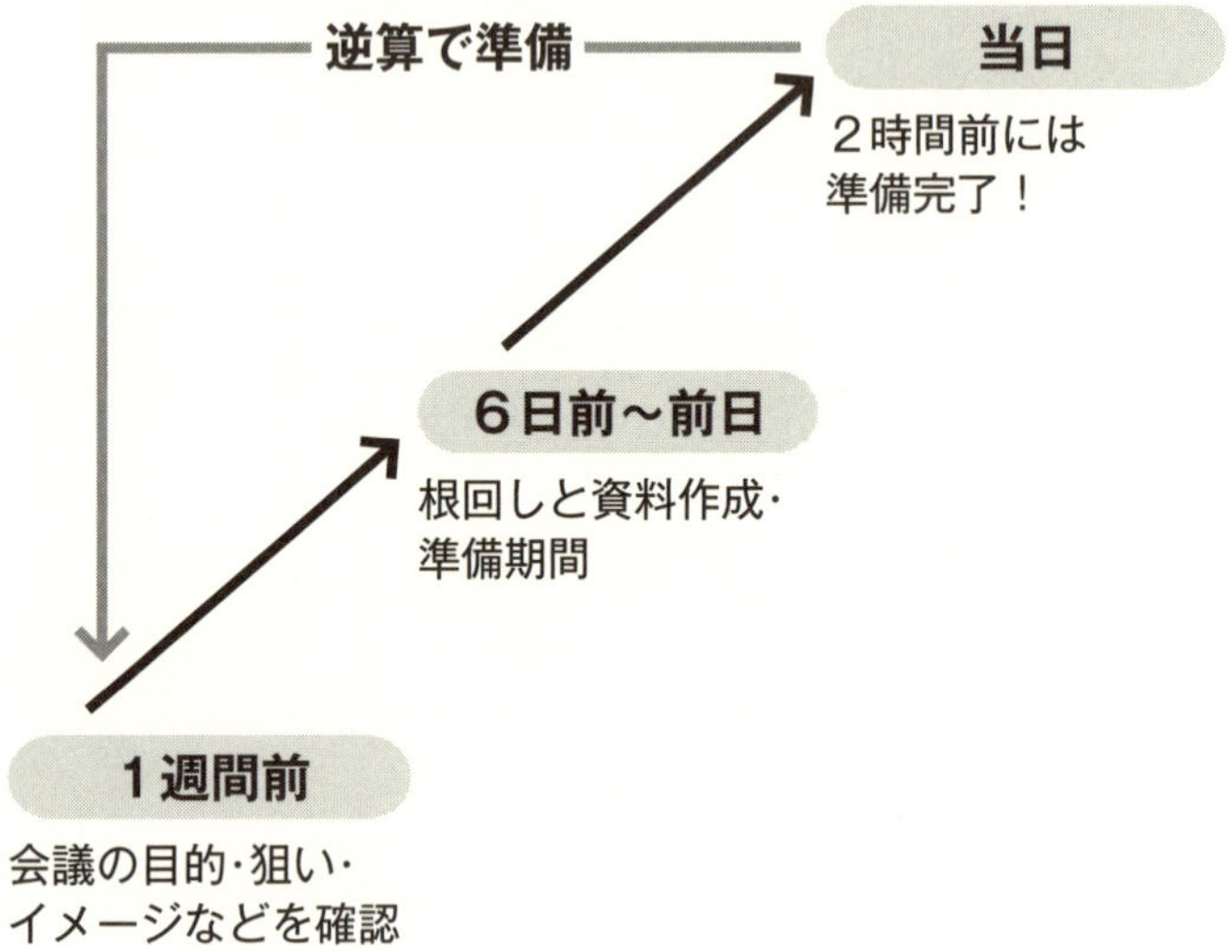

POINT

**準備完了時間を決めて段取りしないと、
どうしてもバタバタしてしまいがち。
時間を逆算して、前倒しで動こう。**

会議の準備は、段取りしておかないと、前日ギリギリになって動き出して、資料などを変更しなければならないことが発覚しても、間に合わずに仕方なくそのままで進める……ということになってしまいます。

急な開催の会議以外は、上手に時間を逆算して準備をスムーズに進めましょう。

06

訪問は「30分前行動」をめざす

今日は取引先に上司と訪問の予定。取引先には5分前に着けばいいよね、と思っていたら、私が予定していたより30分も早く、上司から「もう出るぞ！」と声をかけられ、あわてて出かけた。

約束時間に間に合えばいいんじゃないの!?

30分の余裕を有効活用しよう

仕事をするうえで、時間管理は必ずついてくる重要事項です。

出社、会議、朝礼、終礼、来客、訪問、待ち合わせ、はじめての場所での仕事。どうしてもいつも時間ギリギリに行動してしまうという人は、**予定時間の30分前で動く**クセをつけましょう。


この「30分前行動」は、訪問時にも役立ちます。

電車が遅延したり、道に迷ってしまうということだってありえます。30分早く到着していれば、10分迷ったとしても、アポイントの10分前に何とか到着できますね。これまで時間に余裕を持たずにあわてていた人は、30分前くらいでちょうどいいのです。

もちろん、「30分前行動」は、元々時間にきちんとしている人にも有効です。早く到着して損することはありません。

早く到着して時間に余裕ができたら、次のようなことをチェックしましょう。

①自分の身なりの確認

髪が乱れていないか、ネクタイは曲がっていないかなど、鏡の前で最終チェックをしましょう。

②これからの予定の確認

会議ならば資料にもう一度目を通す。はじめてお会いする方なら名刺入れに名刺を補充しておく、など自分の気持ちをこのアポイントに切り替えるための準備にもなります。

③今からお会いする方との会話のネタ探し

これまでその方とどのようなコミュニケーションがあったかを思い出しておきましょう。趣味の話をしたことがあるか、これまで電話だけで、はじめてお目にかかるのか、など、特にお礼やお詫びを言うことはなかったか、確認をしておきましょう。

ギリギリに到着すると、できないことがたくさんある状態で物事がスタートするしかありません。

たとえば、忘れ物をしてしまったら、時間ギリギリに到着したのでは「ないまま」で挑

図16 余裕時間で頭のスイッチを入れておこう

むことになりますが、30分前に到着していれば、忘れ物の代理になるものを準備できる可能性もあります。

また、ギリギリの到着では、相手の方が時間に余裕を持ちたい人だった場合、その人に「時間にちゃんと来るのか？」というストレスを与えてしまい、信用されない率も高くなります。

到着時にいきなりスタートとなるので、まだ頭のスイッチが入っていない、など、多くのできないことがある状態で、あわただしくスタートすることになってしまうからです。

ぜひ、この方法で自分の「余裕時間」をゲットしてください。

07

期限ギリギリに提出しない

「来期の個人目標を7月16日の会議で発表するから、15日までに提出するように」とのこと。15日の夕方に何とか提出して安心していたら、「○○にそった内容に変更が必要。明日までにつくり直して」って言われちゃった。間に合うかなぁ……。

修正期間も念頭に置いておく

自分ではバッチリだと思った書類が、提出してみたらやり直し……。起きてほしくないことですが、よくあることですよね。

冒頭の例に関して言うと、少しでもいいものをつくるために、途中段階での確認、相談はとても大切です。これは、「相談に来て」と相手から言われなくても、するべきことです。

もちろん、自分で何も考えずに「どうしたらいいかわかりません」と相談しに行くのではなく、自分なりに考えて、「このような方向性かと思うのですが、どうでしょうか？」という相談を途中段階でしましょう。

この途中段階での「報連相」で、完成したのにやり直しとなるリスクはだいぶ減らせますが、さらに有効な対策が、**提出物は最低でも期限の1～2日前に提出する**ことです。

なぜかというと、「ここに○○を追加して」などとなった場合の、「修正期間」に充てることができるからです。

事前に相談していれば、ゼロからつくり直し、ということはあまり起きないとは思いますが、それでも提出してみたら「ここはもっとこういう書き方をしたほうがいい」などの、よりよくするためのアドバイスをもらえることもあります。

期限前に余裕を持って提出しておけば、このアドバイスを受けて、さらにいい書類にすることができますし、上司や提出先の担当者から「この人は仕事が早いな」と思ってもらえて信頼にもつながります。

締切ギリギリだといい資料はつくれない

冒頭の例は、私自身の経験です。

上司から「来期の個人目標を設定して、16日の会議で発表してもらう。個人目標を資料にして15日までに提出するように」という指示がありました。

私は、目標の内容を一所懸命考え、デザインも凝った、かなり作り込んだ資料を作成して15日に提出しました。

ところが、「こんなにたくさんの項目を1人でこなせるはずがない。担当の割り振りとか、部署内で話し合った？　とにかく作り直し！」とあっさり戻されてしまったのです。

会議は翌日に迫っています。内容をしっかり修正するだけの時間がなくて、とにかく焦りました。

重要なのは資料の中身なのに、誰にも相談せず、自分で勝手に判断して、しかも表や色づかいなどのデザインに力を入れていたなんで、かなり目的とズレがありますよね。

資料の提出は、まずは目的と合っているか、確認をすることが大切です。そのうえで、修正があるかもしれないということを想定して、余裕を持って提出しましょう。

周囲とのすり合わせが必要な提出物ではなく、研修の感想など、自分の感じたことを文書にする場合は、期限ギリギリに提出しても「これは違うからやり直し」とはならないかもしれません。

でも、感性や学びをもっと自分のものにしてほしいという思いから、その内容によっては書き直させるという上司の方もいらっしゃいます。

どんな内容であれ、余裕のある提出を心がけましょう。

08

ファイルの整頓で作業効率アップ！

私の上司はいつも急に「あの資料出して」「去年の記録見せて」と言う。そのたびに机の中を探すけれど、いつもすぐに見つからない。時間が経つと、どこにどんなふうに保管したか、忘れちゃうんだよなぁ。

ファイルのラベルの工夫で、みんながストレスフリーに！

記憶は時間とともに薄れていくものです。資料は保管の段階で「未来」の自分、または知らない人用に、わかりやすく保管するものだと決めておきましょう。

「この資料をここにこうやって保管したのを覚えておこう」と自分で覚えておくよりも、ルールを統一して誰が見てもわかるように書類の片づけをすれば、毎回記憶をたどりながら探し物をする必要もなく、言われた資料をサッと出せるので上司からも感謝されます。


書類をファイルするときに気をつけたいのは、**ファイルは立てて並べる**こと、**タイトル、見出しは決まった形で揃える**ことです。

最近は資料のデータ化も進み、パソコンで保存されている資料も多いですが、まだまだ会社には紙の資料があふれています。簡単で単純な、後で助かる書類の片づけ方を知っておいて損はないと思います。

ファイルは寝かせて上に積み上げてしまうと、探しづらいうえに取り出しづらくなってしまいます。

ファイルに貼るラベルは、記入の仕方を統一するようにしておくと、自分が後で探すときにも、他の人が見たときにも、わかりやすくなります。

たとえば、「部署会議の議事録」を保管するとして、左ページのようにラベルに記入する順番やタイトルがバラバラだと、非常にわかりづらいです。

このとき、**①いつ（年号）、②何（ファイルの中身）、③誰（部署）**というように内容と順序のルールを決めておけば、並べたときに目的のものをパッと見つけやすくなります。

さらに文字の配置やフォントも揃っていると、より見やすいですね。

統一感がないファイルの中から探し物をすることは、小さいけれどもストレスになります。簡単なルールを決めることで、毎日のストレスを少しでも減らすことができたら、気持ちよく働けるようになります。

前項で説明した、自分の机の上の資料を「とりあえず」整理する場合と異なるのは、自分がわかればいいだけではなくて、**誰が見ても何のファイルかわかる状態**にして保管する必要があることです。

お揃いのラベルにすると、自分だけでなく周囲の作業効率も上げることになるのです。

図17 ファイルのラベルがバラバラの書き方だとわかりづらい

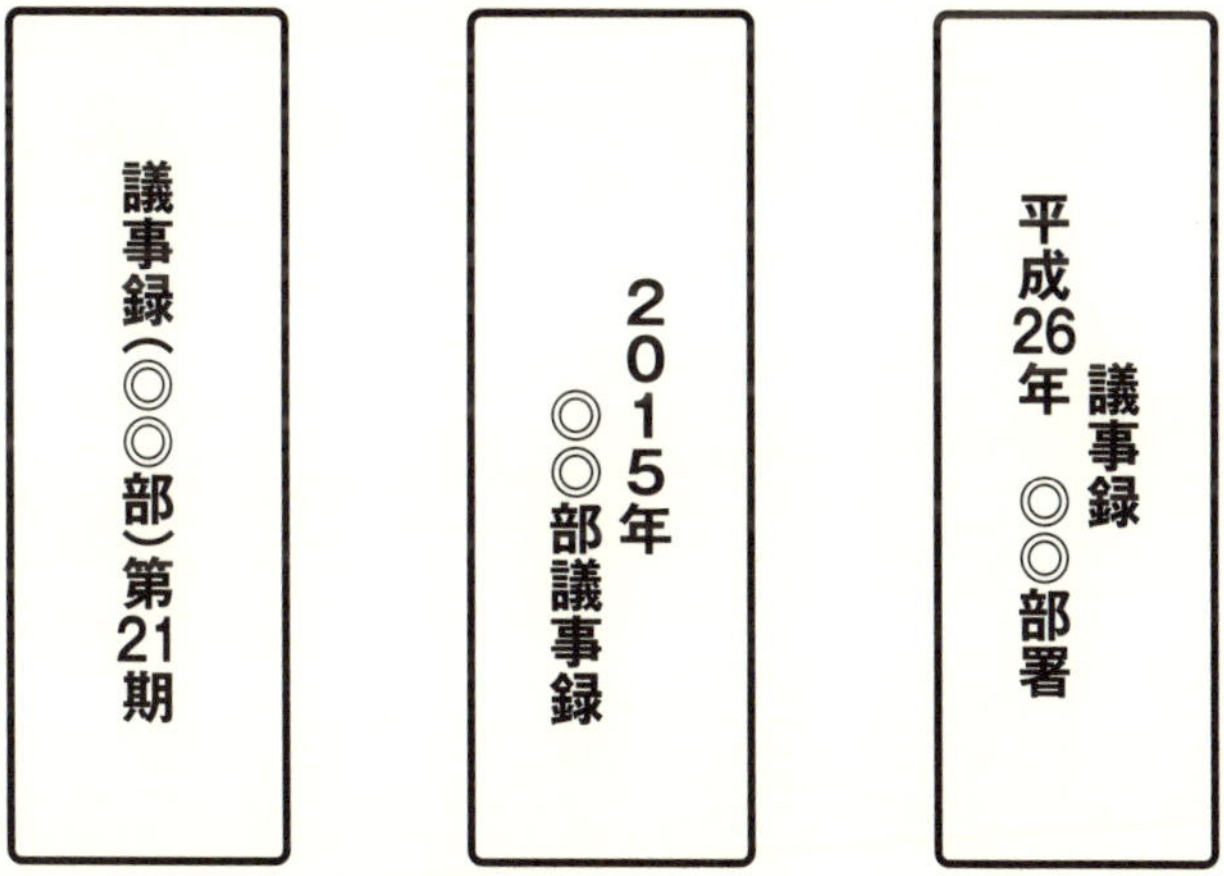

POINT

①いつ(年号で)　②何(ファイルの中身)　③誰(部署)
など、内容と順序のルール、文字の配置や
フォントを統一すると、作業効率も上がり、
ストレスフリーに！

09

月に一度「捨てる日」を決める

整理整頓が苦手なうえに、なかなか捨てられない性格の私。机の引き出しはもちろん、デスクマットの下にも、とりあえず挟んだ書類や名刺がいっぱいで、必要なものを取り出すにはまず探すところから。時にはお客様にもう一度資料を送っていただくようなことも……。

「また今度」ではなかなかできない

整理整頓をするのに大事なことは「いらないものを捨てる」ことです。当たり前のように聞こえると思いますが、これがなかなかできないから、身の回りにものや書類があふれていきます。

私が例題のような人にオススメしたいのが、月に一度は「捨てる日」をつくることです。毎月決まった日を「捨てる日」と決めてもいいし、ひと月の中で「この日は手が空きそうだな」という日を「捨てる日」にしてもかまいません。

「また今度」「そのうち」と思っていても、気がつけばいらないものでいっぱいになっているものです。だからあえて「今日はいらないものを捨てる日」をきちんと設定して、捨てる作業に集中します。

ただし、自分ではいらないと思う資料も、判断がわからない・捨てることを一瞬でも迷う資料は、同僚・先輩・上司などに必ず確認しましょう。

あなたにはもう必要がなくても、部署としては必要な書類という場合もあります。「捨てる予備軍」をまとめておいて、後でまとめて確認するようにしましょう。

この「捨てる日」は、書類だけに限らず、パソコンの中の各資料も同じです。この場合も、はじめのうちは「○○の資料はもう削除してOKですか?」と上司や先輩に確認をとったほうが安全ですね。

書類の定位置を決めれば、周りも見ていて気持ちがいい!

「捨てる日」をつくるとき、同時に行ないたいのが、**書類の定位置を決める**ことです。普段から、この資料はここに綴じる、この書類はこの棚の中に保管するなど、置き場所や保管場所を決め、「必要」と判断された書類たちの居場所を決めることで、探し物に使うムダな時間がグッと減ります。

また、「捨てる」ことで机が片づくと、周囲の人も気持ちよく過ごせます。書類が山積みだったり、乱雑にものが置かれた机は、見ていて気持ちのいいものではありません。

何かの拍子に書類が雪崩を起こしたりすれば、それを片づける自分も相手も、本来使わなくていいはずの時間を散らかった書類の回収に充てることになってしまいます。

来客のある職場なら、散らかった机がお客様に見えてしまう可能性もあります。「整理整頓のできない会社だな」「仕事を任せて大丈夫だろうか」と思われてしまったら、極端な話、職場全体の信用度にも関わってきてしまうのです。

これらを防ぎ、自分も周りも気持ちよく仕事をするためにも、ぜひ「捨てる日」を実行しましょう。

Part 6

好感度大の「お客様対応」

01

信頼感のある お客様対応をするには

お客様対応をしていたら、「声が小さい。受け答えをもっとキビキビして」と先輩から注意を受けちゃった。

なかなかいつもの自分から抜け出せないな……。

仕事の役柄をユニフォームにする

お客様とお話をするという行為は、緊張もするし、恥ずかしさも感じますよね。そんなとき、あなたの個人的な性格は置いておいて、**あなたの仕事の役柄を演じきってください**。受付なら、その会社の顔としての案内、会話、言葉遣い、会社の印象を与えるべく「感じのいい受付」としてその役に徹するわけです。

どうしてお客様とお話をするのが恥ずかしいかというと、あなたがまだ会社の仕事の役柄になりきれていないからです。要するに、あなたはまだ、あなた個人としてお客様とお話をしているのです。

役柄になりきると、自分個人ではなくなるので恥ずかしいという感覚は消えます。恥ずかしいと感じる隙がなくなるからです。

「仕事の役柄」というユニフォームを身につけてしまえば、社内の朝の挨拶から、担当の職場で作業をし、退社するときまで、あなたは仕事のプロになりきるので、恥ずかしい、中途半端、いい加減、自分中心ではなくなります。

皆さんも、普段の生活でいろいろな職業の人と、出会いますよね？　たとえば、電車に乗るときは駅員さん、映画館での切符売りの人、携帯電話を買いに行った際のショップの店員さん、ホテルの従業員さん、ブティックの販売員さんなどなど……。

私たちは、お客としてそこへ行くとき、その会社やお店に問い合わせをするとき、プロの人が対応してくれるものだ、と勝手にそして自然に期待しています。そのときに、仕事の役柄を演じきれていないお店の人と遭遇すると、不満を感じます。

たとえば、飲食店に入ったとき、無愛想な店員が案内し、気が回らないオーダーの聞き方をし、質問しても「わかりません」と言われたら……。

自分がお客になったときに、こういう場面に遭遇すると、違和感、不快感を抱くのは、店員さんも含めて、その店の「サービス」に対してお金を支払うからです。

飲食店なら、家ではつくれない、プロがつくったご飯を食べよう！　片づけもしなくてもいいし、店員さんがテーブルまで案内して、お料理を持ってきてくれる……と思ってい

図18 仕事の役柄になりきろう

たのに、いざ行ってみてこんな状態だったら、これなら家で食べればよかったな、とガッカリしてしまいます。

お客は、お料理だけではなく、案内やオーダーを聞いて、お料理を運んできてくれるスタッフの方の接客にもお金を支払っています。また、オーナーは、接客を行なうことに対する対価を、店員にお給料として支払っています。

これは、飲食店のアルバイトでも、新人の事務職でも、営業でも、みんな同じなのです。

02

「敬語に訳すこと」に集中しすぎない

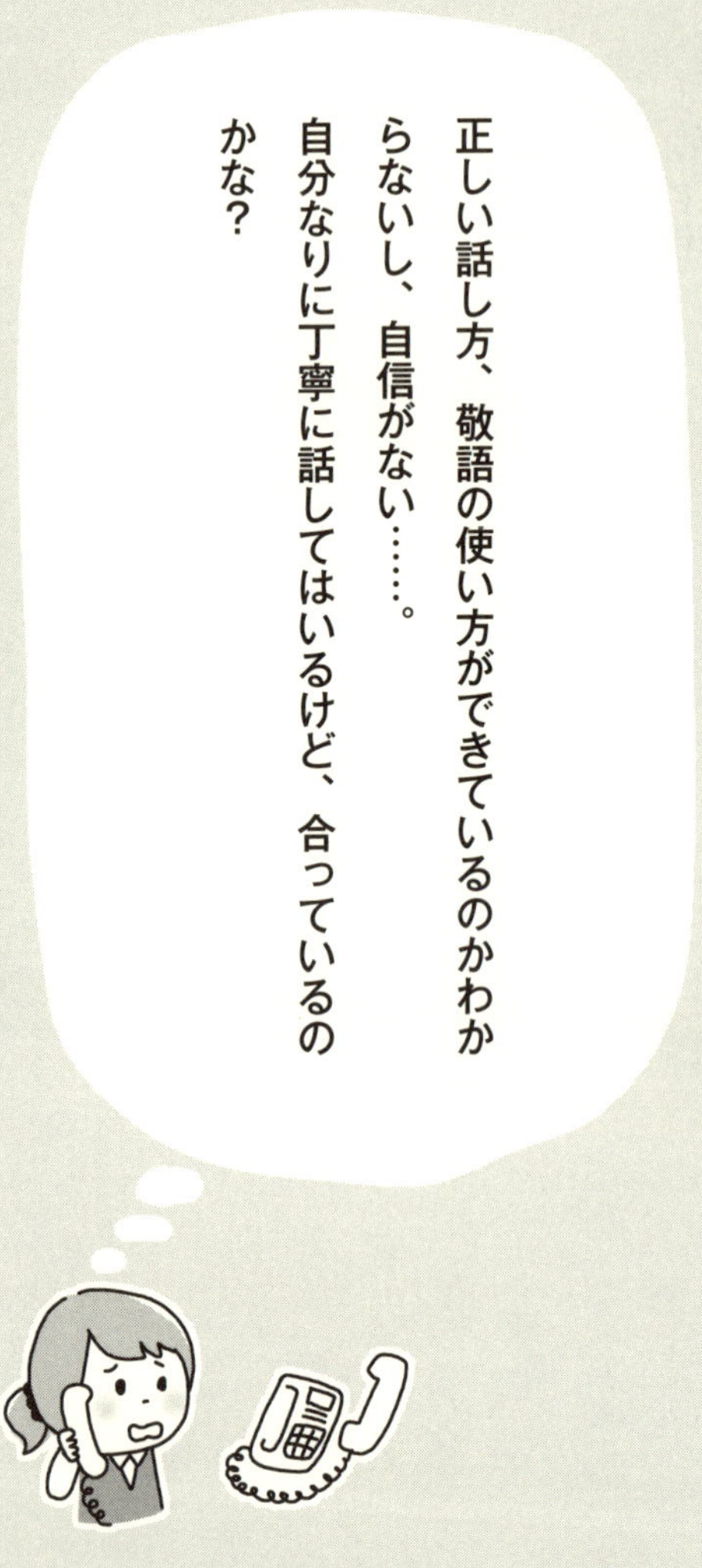
正しい話し方、敬語の使い方ができているのかわからないし、自信がない……。
自分なりに丁寧に話してはいるけど、合っているのかな？

敬語は完璧でなくてもOK

お客様、取引先、上司などと会話をする場面で一番大切なことは、「言いたいことが伝わること」。そして、「相手を敬いながら、コミュニケーションがとれること」です。

敬語はそのときに用いる不可欠な道具です。最低限の敬語は、サッと出てくるようにしましょう。最低限の敬語を知らないと、そんな気はないのに、目上の方に威張った表現をしてしまうこともあります。

実は、ベテランの社会人でも「正しい敬語が使えているか、自信がない」という方が少なくありません。多くの方が、自己流で敬語を使っています。

敬語は研修や書籍で学んでいても、いざ仕事の場面で使ってみると応用がきかなくて焦る……。かといって、きちんと敬語の勉強をし直す機会はなかなかありません。次ページの「最低限押さえておきたい敬語」一覧で、自分の敬語力をトレーニングしてください。

ただし、**頭に浮かんだ伝えたい内容を「敬語に訳すこと」に意識を集中しすぎると、相手に言いたいことが伝わらない**ので、注意してくださいね。

よく使われるビジネス・フレーズ

	敬語
わかりました。	かしこまりました。 承知しました。
どっちにします？	どちらになさいますか？
今、行きます。	今、参ります 今、伺います
すぐ来ます。	ただいま参ります
部長、社長が呼んでいますよ。	部長、社長がお呼びです。
説明がわかりましたか？	説明をご理解いただけたでしょうか？
前回の資料を見せてください。	前回の資料を拝見させていただいてよろしいですか。
山田部長、います？	部長の山田様、いらっしゃいますか？
山田部長はいません。	申し訳ございません。 部長の山田は席をはずしております。
誰ですか？	どちらさまでしょうか？
帰ったら言っておきます。	戻りましたら申し伝えます。
また来てください。	またお越しください。
忙しいのに来てくれてありがとうございます。	お忙しいのにわざわざお越しいただきまして、ありがとうございます。
聞こえなかったので、もう１回言ってください。	お電話が遠いようですので、申し訳ございませんが、もう一度教えていただいてよろしいでしょうか。

図19 最低限押さえておきたい敬語

●間違いやすい尊敬語と謙譲語

	尊敬語	謙譲語
言う	おっしゃる	申します
聞く	お聞きになる	伺う 承る 拝聴する
見る	ご覧になる 見られる	拝見する
行く	いらっしゃる おいでになる	伺う 参る
来る	見える いらっしゃる お越しになる	参る
与える	お与えになる 与えられる	さしあげる
もらう	もらわれる	いただく 頂戴する
思う	思いになる	存じる
食べる	召し上がる	いただく

03

感じのいい話し方

お支払いの件でお客様からお問い合わせ。研修で覚えたお客様対応時の敬語を早速使って話していたら、なんだかお客様が不機嫌になってきた。「あなたの話し方は、なんだかカチンとくるわ」とお客様に言われて、大ショック！　ちゃんとした敬語で、きちんと説明したのに……。

言葉に表情をそえる

いかに完璧に敬語が使いこなせても、それがコミュニケーションの高さとつながるかというと、そうではありません。

敬語が完璧でなくても、「感じのいい人」という印象を与えることはできます。

私が接客の研修をさせていただくとき、よく「自分がお客様のときに、感じがよかったと思った接客は？」という質問からはじめます。

すると、よく挙げられるエピソードは「笑顔の接客」「説明を一所懸命してくれた」「ひと言そえてくれた」といったことです。完璧な敬語などではないのです。

感じのいい話し方は、**言葉に表情をそえる**のがコツです。

たとえば、うまくしゃべれない状態が少し続いたら、「うまく言えなくて申し訳ございません。私の説明大丈夫でしょうか？」など、ご理解いただけているか、素直に確認するほうが、誠意を感じてもらえます。

図20 「クッション言葉＋依頼形」で好感度アップ

クッション言葉		依頼形
お手数ですが	＋	お送りいただいてよろしいでしょうか？
お手間ではございますが	＋	○○していただけますでしょうか？
差し支えなければ	＋	ご連絡先を教えていただけますでしょうか？
ご足労をおかけして申し訳ございませんが	＋	こちらにお越しいただけますでしょうか？

ポイントは、**「クッション言葉」をそえて、「依頼形」にする**こと。

「FAXを送ってください」だったら、**「お手数ですが」＋「FAXをお送りいただいてもよろしいでしょうか？」**。

「○○ありますか？」の問いに対して、**「お客様、せっかくですのに申し訳ございませんが」＋「只今○○は在庫がございませんが、似た商品はご用意できます。お持ちいたしましょうか？」**。

忘れ物があって、取りに来てもらわないといけない場合は、**「ご足労をおかけしま**

して大変申し訳ございませんが」＋「こちらまでお越しいただいてよろしいでしょうか？」。

まずは口に出してみよう

恥ずかしくても正直に口に出してみると、相手の方との距離が縮まることもあります。そんなとき、相手の方が少し微笑んでいるのがわかったら、目を合わせてニッコリしてみるなど、素の自分を時々のぞかせるのもアリです。それが「言葉に表情をそえる」ということです。

でも、そのときに緊張感や誠意がないと、ただの「勉強不足」「努力不足」となるので、そこだけは外さないでくださいね。その緊張感の中で、恥ずかしそうに謝ったり、照れ笑いが出るからこそ、相手が心を許して好感を持ってくれるのです。

まず、会話中に「自分をしっかり見せよう」などと、取り繕うのをやめることからはじめましょう。

04

相手に好印象を与える「聴くワザ」

私はもともと話し下手。

お客様との会話のやりとりが少し長くなってくると、なんか話のリズムがつかめなくて、いつもぎこちない会話になっちゃう……。

少しオーバーなあいづちで関心をアピール

人との会話がなんだかスムーズにできない、弾まない、リズムができずに途切れがち。そんなときは、「聴くワザ＝傾聴スキル」が不足していることが考えられます。

会話は「話す側」と「聴く側」がいて、はじめて成立します。どちらも好き放題話していては、会話にはなりません。

たとえば、お客様からの問い合わせの際、まず話す側がお客様、聴く側があなたです。話す側の人は、自分の話を「関心を持って」聴いてほしいという願望を持っています。つまりその願望を叶えることができれば、話し手は満足します。

ということは、聴く側のあなたが、話す側のお客様の話を「関心を持って」聴くことがポイントとなります。これが欠けていると、リズムがとれず、途切れがちな会話になってしまいます。

相手に「関心を持って」いるということを示す、簡単なコツがあります。それは、**少し**

オーバーなあいづちで関心をアピールすることです。

誰しも、反応がなければ話しにくいものです。あいづちがなかったり、リアクションが薄いと、「あなたの話に関心がありません」とアピールをしているようなものです。


まだ電話対応に慣れていなかった頃の私の話ですが、電話対応がうまい上司がいました。彼女は電話だけでなく、人と会話すると相手が誰であろうと会話が盛り上がる人です。気づかいができる人だからかな？　と思っていましたが、それだけではないようです。

この上司を観察して、見えてきたことがあります。それは、相手の方の話を引き出して広げていくのがとても上手だということです。相手が話す、本当に小さな何気ない発言でさえも拾って、会話につなげます。


相手の話を聴く上司の様子は笑顔で、たくさん質問をしています。そして相手の返事すべてに驚いたり感心したり、少しオーバーなくらいのあいづちで反応を示します。

決して上司ばかりが上手に話しているのでなく、それよりもどちらかと言うと、相手が話している時間のほうが、圧倒的に多いのがわかりました。つまり、上司は「聴き上手」

なわけですね。だから相手も話をしていてとても気分よくなるのです。

相手の言ったことをくり返して言うのは、なぜ効果的？

また、相手の言ったことをくり返して言うのも、かなり簡単でしかも関心度がグッと上がります。

「昨日作業に来てもらったんですが」とお客様が言えば、「昨日、こちらの者が作業へ伺ったんですね？　ありがとうございます」などです。

いわゆる「オウム返し」は、よく会話術の本などで紹介されていますが、ただ言ったことをくり返して確認しただけなのに、相手の方は「この人は自分の話をきちんと聴いてくれている」と自分の話に関心があると判断してくださいます。

すると、途切れがちだった会話にリズムができて、相手が話しやすくなり、これまでより会話がスムーズに運ぶはずです。

05

電話はジェスチャーをつけて話す

直接顔を合わせる来客とは違って、相手の姿が見えない電話が苦手。

顔が見えないから余計に緊張もするし、ちゃんと伝わっているのか心配なんだよな……。

表情もジェスチャーのひとつ

電話は苦手、という人は多いですよね。私も、そうでした。電話に出ても、なんだかセリフを言っているような感じで、ぎこちない会話になってしまうのです。

顔が見えない、表情がわからない電話だからこそ、必要な行動があります。

それは、**ジェスチャー**です。電話では、お客様と対面しているとき以上に大きなジェスチャーをすると覚えておきましょう。

ポイントは、表情もそえてジェスチャーすること。

具体的には、「いつもお世話になっております」「先日はありがとうございました」という挨拶の時点で「笑顔」になり、「頭を下げる」というジェスチャーをしっかりします。

相手には見えていないのになぜ？　と思われるかもしれませんが、不思議なことに、ジェスチャーをすると、きちんと相手に届きます。

電話口で「笑顔」で「頭を下げる」と、まずあなた自身に口先だけの言葉ではなく、心から「お世話になっています」という思いが生まれます。

心が通えば会話も弾む

心のこもった挨拶のきっかけとして、ジェスチャーを実践してみてください。すると、その後に続く会話も、選ぶ言葉も心地よいものへと変化していきます。

先ほども登場した、電話対応がうまい上司の話です。この方は、私が今の会社に入る前に何回か電話で話をしたことがあり、すごく感じのいい方だな、と思っていた人物です。ある日、その上司が電話している姿を観察していると、はじめの挨拶だけでなく、あいづちも表情豊かに前に身を乗り出したり、身振り手振りしながら答えていらっしゃいました。まるで、目の前にいる相手と話しているようです。

私はそれまで、何も意識せずに電話に出て受け答えしていましたが、その上司の真似をして「表情」と「お辞儀」をプラスしてみたところ、お客様との会話のリズムもよくなったのです。

さらに、ジェスチャーつきで電話対応をすると、受話器の向こうのお客様も話しやすくなるようで、お問い合わせ内容が質問やクレームだったとしても、友好的なムードに変わります。

そのため、スムーズに内容をキャッチできますし、お客様と話が通じ合って解決が早くなるのです。

電話の1件1件はほんの短い時間ですが、お客様と親しくなれた感覚を覚え、その回数が増えてくると、電話をとって心を通い合わせることが楽しみになります。

お客様が電話を切った後も「なんだか今の人、感じよかったな」と印象に残るような電話対応ができたら素敵ですよね。

かけてこられたお客様も、電話をとったあなたも、お互いが気持ちのよい時間を共有できる。そんな時間になるように、電話対応にジェスチャーを取り入れてみましょう。きっと、電話に出るのが、グンと楽しくなりますよ。

06

来客は一番乗りでポイント獲得！

うちの会社では、特に「受付」を設けていないので、お客様がいらっしゃったら、近くにいる人が対応するという状態。

緊張するから第一声が出ないし、苦手なんだよな～。

来客受付のポイントは「お客様の不安をとりのぞくこと」

お客様が会社にいらっしゃったときは、

①立ち上がる　近くへ移動し、
②声をかける　「いらっしゃいませ」と、笑顔で挨拶をしたら
③アポイントメントの確認　お名前・ご用件をお聞きして、
④取次　「少々お待ちください」などと、担当の人に取り次ぐ

この4ステップを行なえばOKです。

何の目的で訪問されたのかご用件を聞いたら、④で必ず**「お客様自身が何をすればいいのか」の指示**を伝えましょう。

ご用件をお聞きして、担当者をあわてて呼びに行ってしまうと、お客様は次に何をすればいいのかわからないまま、あなたがお客様の前から突然消え去ったことになります。このまま待っていていいのか、邪魔になりそうだからいったん外に出たほうがいいのか、近くにイスがあるけれど、そこに座っていてもいいのか、誰にも聞けずに困ってしまいます。「ただ今○○を呼んでまいります。こちらでこのままお待ちいただけますでしょうか?」と、お客様がどこでどうすればいいのかを伝えてから、担当者を呼びに行きましょう。

また、呼びに行くパターンではなく、あらかじめ、上司や他部署の人から来客があることと、そのときどうしたらいいのか、を聞いていることもあるでしょう。

その場合も、「2時にお約束の○○様ですね? お待ちしておりました。2階の会議室へご案内いたしますので、どうぞこちらの玄関からお上がりください」と、次にお客様がとるべき行動を指示します。

来客の受付は一番に引き受けよう

お客様の立場で考えてみてください。どこかへ訪問するとき、誰でも多少なりとも「緊張」というストレスを感じています。そして、相手先の玄関を通るとき、その緊張はピークになっています。

そんなときに笑顔で感じのいい人が「こんにちは」と近づいて来てくれたら、誰でもホッとし、緊張も一気にやわらぎます。ですから、訪問された側のあなたは、お客様のストレスをなるべく早く解き、笑顔と声かけで安心を与えてあげてください。うまく対応して、パーフェクトに答えようなんて思わなくて大丈夫です。あなたの役割は、うまく答えることよりも、**まずは笑顔でお客様の緊張をやわらげる**ことです。

お客様にとっては、一番に声をかけてきた人が安心提供者です。**「自分がうまくできるかな？」という気持ちを、「お客様に安心してもらおう」という相手目線に切り替えて、**一番に腰を上げましょう。

私の後輩で、来客のお客様に対して素早く対応する人がいます。その後輩は決して説明力が高いタイプではありません。しかし、気働きができ、自分が仕事の最中でも、お客様がお見えになったらサッと手を止めて素早く一番にお客様のもとへ行きます。

この「何かしている最中にサッと手を止めて、お客様のもとへ行く」。これが、みんなできるようで意外とできていません。来客の受付を率先して行なうと、気がきく人という印象を持ってもらえますよ。

Part 7

あわてなくて
ＯＫ！
「トラブル対応」

01

大事な資料をなくしてしまったら

ない！　やっぱりない！
上司から預かっていた資料がない！
間違って捨てちゃったのかな。どうしよう……。

資料をなくしたときの対処法

上司から預かった資料など、大事な資料をなくしてしまった場合、とにかく大切なのは、ご迷惑をおかけした人に誠意を持って謝罪すること。そして、何とか準備できるのであれば、自分が責任を持って対処して、次への万全な対策をとることが信用を取り返す道です。

①資料元にお願いして、いただけるものかどうか？

いただける状態⇒いただきたい旨をお伝えして、丁重にお願いをします。

いただけない状態⇒ご迷惑をおかけする人へ早急にお伝えし、誠意を持って謝罪します。

②類似資料を他に持っている人がいないか？

コピーさせてもらうか、または借りて新たに作成するなどします。

③今後の対策

絶対になくしたらいけない大切な資料は、他の資料とは別の保管場所にしまうなど、慎重に扱うようにしましょう。私の場合、通常はクリアケースに入れるところを、目立つ色柄のファイルにしまって、その作業が完了するまで一番上の引き出しに入れるというルールを決めています。

02

保存していたデータが消えてしまったら

いつものように朝パソコンの電源をつけて、いつものようにデータを開こうとしたら、なぜかファイルごと消えている！　社内の共有ファイル自体が壊れたのが原因で、修復作業中だけど、復活するかはわからないみたい……。昨日とりかかっていた資料が台なしだ……。

パソコンはバックアップするのが鉄則！

パソコンのデータが消えてしまったら、かなりショックです。でも、対応できることはいくつかあります。

①バックアップはないか？ あればそこからコピーする
②復旧可能か？ パソコンの担当者にお願いする
③類似内容のファイルが共有フォルダなどに入っていないか？
④出力したものは残っていないか？

何より重要なのは、パソコンのデータは、普段からバックアップをとっておくことです。バックアップは会社のルールに従うのが基本ですが、たとえば、USB、外付けハードディスクなどの方法があります。出力して、用紙で保管するのも手ですね。

パソコンは機械ですから壊れるのが当然ですし、それは突然やってくると思って、日頃からデータはまめに保管しておきましょう。私は「金曜日はバックアップの日」と自分でルールを決めて、データを保管するようにしています。

03

FAX・メールを違う人に送ってしまったら

文具用品の注文書をFAXしたら、お世話になっている税理士事務所から「うちに文房具のFAX注文書が届きましたよ」と電話がかかってきた。宛先を間違って送っちゃったみたい！

宛先違いのうっかりミスの対処法

電話のかけ間違いは、その場ですぐにわかるので「申し訳ございません、間違えました」と丁寧に謝罪すればいいのですが、これがすぐに謝れないＦＡＸ・メールだと困りますね。特に、ＦＡＸ・メールは文字で情報が届いてしまうので、相手間違いの対処は少しやっかいです。

例題のような内容だったらまだ大事には至りませんが、これが売上の数字など、重要度の高い内容であった場合は、すぐに上司に報告して指示に従いましょう。

間違い先の相手の方に連絡がとれる場合は、破棄していただくよう、すぐにお願いの連絡をしましょう。

こうしたミスを防ぐためには、送信ボタンを押すその前に一度確認をすることです。私は、送信先の名前を画面上で指さし確認してから、送信ボタンを押すようにしています。当たり前のようですが、意外とできていない、ミスを防ぐためのワンステップです。

04

大量に仕事を抱え込んでしまったら

部長からの仕事の依頼が3つ。日常業務の自分の担当で進行中が2つ。そこにきて急な割り込み仕事が2つ増えた。

こんなにたくさんの量の仕事を全部、今週中に仕上げるなんて、できないよ～！

大量の仕事でいっぱいいっぱいにならない方法

仕事を大量に抱え込むと、焦りばかりが出ていっぱいいっぱいになりますね。こんな状態になったら、まずはあわてずに、いったん仕事の内容を整理しましょう。

①まずはたまっている仕事を書き出していきましょう。
②次に赤字で完成期限を書き足します。
③期限の順番に並び替えます。
④ひとつひとつを見て「自分でなくてもできる仕事はないか？」を探して、見つけたら、人に振りましょう。
⑤人に振って残った仕事を改めて見て、どれだけ頑張ってもどうしても期限に間に合わない恐れがあると判断できるものにチェックをして、依頼者へそのことを伝えましょう。
⑥人に振ることは無理でも、同僚など協力者がいないか声をかけ、手伝ってもらいます。
⑦部署内で、集中して仕事を仕上げる必要があることを伝えて、割り込み仕事をシャットアウトするのも手です。
⑧あとは、集中して仕事を完成させていきます！

05

大きなミスをしてしまったら

パソコン内のフォルダーを整理して、必要ないファイルを削除した。

翌日の朝、会社に着いたら、「私のデータがない！」「誰か共有フォルダの中身、削除しただろ！」とみんなが騒いでいる。もしかして、昨日、私が整理して削除したことが原因!?

周りに迷惑をかけるような大きなミスをしてしまったら

人に迷惑がかかるような大きなミスを起こしてしまった場合、逃げずにちゃんと対応することが必要です。腹をくくり、誠意をもって事態が緩和するよう全力をつくしましょう。

ミスをしてしまったときの対応は、人の「本当の姿」が表われる場面です。

テレビでも謝罪会見をする企業の様子などを見たことがありますよね。言い訳をしたり、人のせいにしたりするなど、きちんと誠意を見せない対応をしたとき、それは大きな反発となって、さらなる大問題を呼ぶことがあります。

トラブルが発生したときは、あなたの本来の度量が試されるときです。逃げずにしっかり向き合いましょう。

もし、そのときに協力してくれる人たちがいたら、心からお礼を告げ、その人たちに何か起きたときは全力で手伝いましょう。

起きてほしくないミス。でも、それさえも成長材料にして、今後どうすれば起きないか？　なぜ起きてしまったか？　ときっちり向き合って、対策を徹底しましょう。

06

クレームを受けたら①ひとまずお客様の味方になる

元気よく電話をとったら、お客様がいきなり怒っていらっしゃる様子……。とりあえず「すみません」を連呼してしまい、「ちゃんと聞いてるの？」と逆に怒られてしまった。

内容を聞く以前に、お客様が怒っていることに動揺してパニック！　どうしよう？

「この人は私の話を聴いてくれる」と感じてもらう

クレームはあわててしまうし、お客様の感情に動揺もするし、本当に嫌ですよね。私も以前はとても苦手で、上手な対応ができずに、お客様を余計に怒らせたこともあります。

でも実は、コツがわかればクレームは怖くありません。そのコツとは、クレームを受けたら、まずは**「ひとまずお客様の味方になる」**ことです。

冒頭の話をビジネス会話ではなく雑談に置き換えると、クレームを入れてきたお客様は「ちょっと聞いて、こんなことがあったのよ」と訴えている状態です。

友達や家族からの電話だったらきっとあなたは、「えっ、なになに？　どうしたの？」と話を聞く姿勢をとるでしょう。これが「味方」の姿勢です。

クレームの電話でも、「えっ、なになに？　どうしたの？」という反応をすることがあなたの役目です。そう思っていると、おどおどしたり、つられて逆切れしたりして、今の状態よりもっとお客様を怒らせる、という事態は避けられます。

また、お客様の怒りを少しでも鎮めることで、事情の聴き取りも正確になります。もちろん、あなたが必要以上にお客様に怒鳴られることも避けられます。「味方になる」というテーマがあるわけですから、必要以上に動揺したり、焦ってしまうことが避けられます。お客様とも、逃げ腰でなく正面から向き合えることができます。

たとえば、「○○○だったんですよ！　どうなっているんですか！」とお怒りの電話を受けたとします。

そのときは「○○○だったんですか？　それは大変失礼いたしました。お客様、もう少しどのような状態だったのかお伺いしてもよろしいでしょうか？」と、「内容の復唱」＋「お怒りになったことに対して謝罪」＋「詳しい内容の確認」という流れで受け答えをすると、お客様は「この人は私の話を聞いてくれる」と感じるのです。

「当社ではそのようなことはないはずですが、お調べいたします」という事務的な反応をしたら、お客様に非があるような言葉での返しになり、お客様の怒りを強めるだけです。

「とりあえず謝る」はNG！

ここで間違ってはいけないのが、「事実はわからないけれど、とりあえず謝ろう」とす

図21 クレーム対応の最初のステップ

内容の復唱
＋
お怒りになったことに対して謝罪
＋
詳しい内容の確認

↓

「この人は私の話を聴いてくれる」

るのではなく、**お客様がその怒りに至った経緯の心情を受容する**ことです。

たとえお客様の勘違いであったとしても、あなたの会社のサービスや製品に対し、「お客様が何かしらマイナスの感情を抱いた」というその事実に対して、「申し訳ありません」と謝罪するのです。

その場だけ取り繕うように、ただただ「すみません、申し訳ございません」とくり返していると、お客様は「そんな言葉が何度も聞きたいわけではない。私が嫌な気持ちになったことをちゃんとわかってくれたのか？」と不信感やイライラを募らせてしまいます。

そもそもお客様は、怒りに至った経緯を訴えたい、わかってほしいという心理で連絡してきています。その状態のときに反発されたら、もっと怒りが倍増するのは当然です。

味方になってくれるような人が話を聞いてくれたら、それだけで少し怒りがおさまって、冷静になるのもまた、当然のことです。

もちろんケースバイケースなので、どこまで怒りがおさまるかはわかりませんが、おどした対応や、相手をさらに不快にさせてしまう対応で、お客様を余計に怒らせるのは一番避けたいところです。

クレーム対応時のあいづちにはバリエーションがある

クレーム対応では、お客様の味方であること、誠意、クレームに至ったことへの謝罪の気持ちなどを、あいづちや受け答えの中に込める必要があります。

そこで、私がおすすめする一番のフレーズは**「なるほど」**です。

「なるほど」という言葉は、「私は、お客様のお話をお聴きして、受け入れています。お客様のおっしゃることに納得の気持ちを抱いています」というニュアンスも含む、同意と納得を表わす言葉です。

「なるほど。そのようなことがあったのですね」と、納得したという気持ちを表わす使い方をしてください。

ただし、「なるほど」は連呼してはいけません。特にクレーム対応時のあいづちは、心を込めてしっかりお聴きした結果、出てきた言葉である必要があります。

「なるほど」に限らずですが、同じ言葉の連呼は相手に「ちゃんと聞いているの？」「えらそうに」と捉えられてしまいます。

クレーム対応のあいづちの引き出しを広げるために、効果的なフレーズを次ページに挙げていますので、参考にしてみてください。

あいづちは、【驚いて共鳴】→【謝罪・心配・相手の方を思いやる】→【さらに詳しく】という流れを意識して使い、会話の合間に「つなぐあいづち」を挟みます。この流れで話せているかどうか、次のクレーム電話のときに自分で確認してみましょう。

こういったあいづちで、お客様にたくさん話していただくことには、事情を詳しく聞き取るのと同時に、話すという行為でストレスを発散していただくという狙いもあります。

クレームの電話をとったあなたの対応は、**次の対応へのバトン**となります。

その後の対応の段階で、お客様の言い分も会社の対応もベストな状態にしていくための入口が、電話をとったあなたの対応です。あなたにも、お客様にも、会社にとってもよい結果となるように、なるべくよい状態でバトンを渡しましょう。

そのためにはまず、あなたがお客様の味方になることが大切なのです。

図22 あいづちのステップ

① 驚いて共鳴

「そのようなことがあったのですね」

「本当ですか！　それは失礼いたしました」

「えぇ！それはビックリされますよね」

「それはおっしゃる通りです」

② 謝罪・心配・相手の方を思いやる

「それは大変ご迷惑をおかけいたしました」

「今はご不便はないでしょうか？」

「お時間大丈夫ですか？」

③ さらに詳しく

「もう少しお聞かせいただけますでしょうか？」
「それでは、こちらでも詳しくお調べしたいので、
いくつか質問させていただいてもよろしいでしょうか？」
「先ほどの流れを、もう一度教えていただけますか？」

①〜③の合間 つなぐあいづち

「はい」
「なるほど」
「そうですね」
「えぇ、はい、
そうでしたか」

07

クレームを受けたら②
解決したクレームも会社に報告する

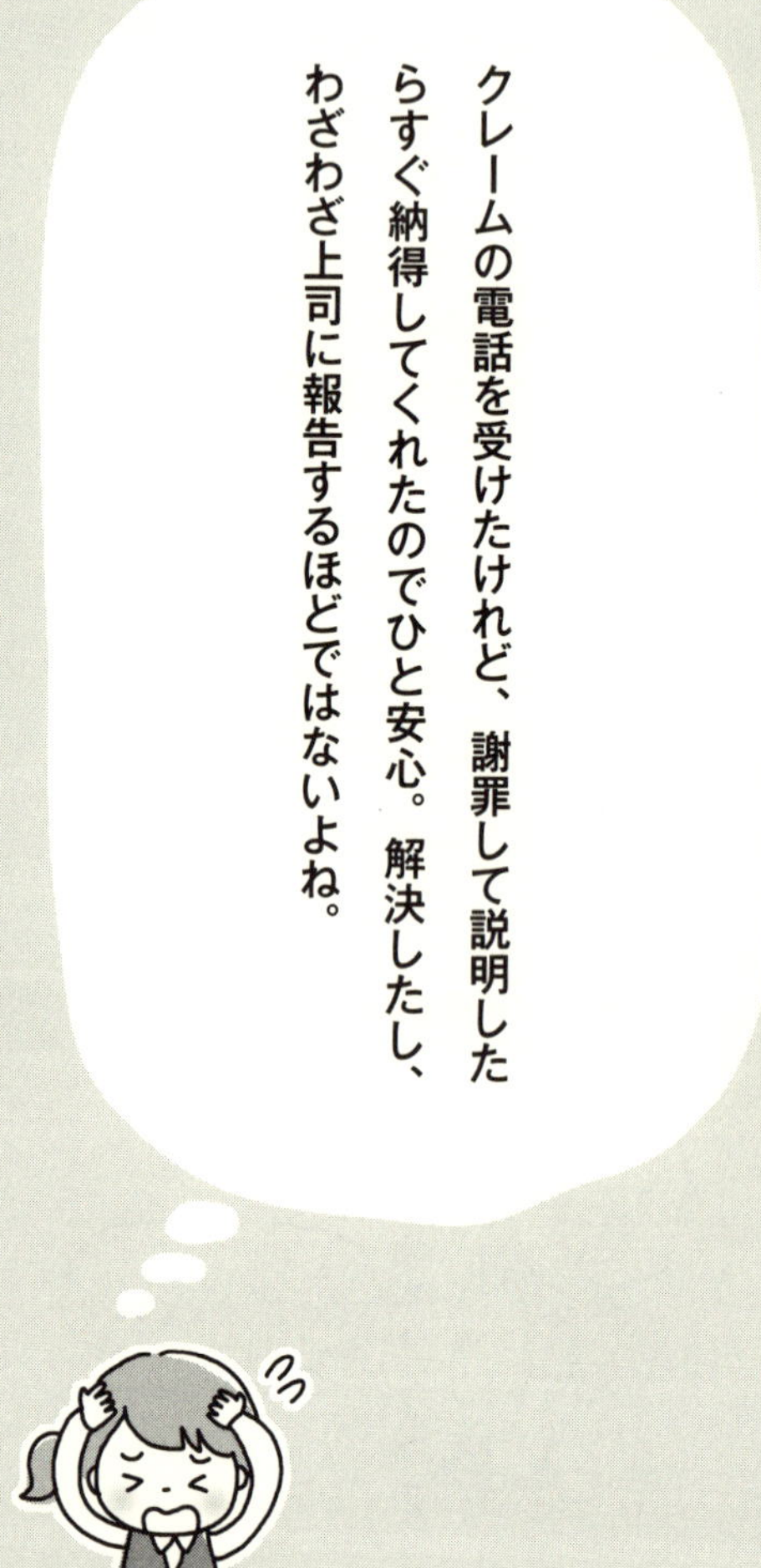
クレームの電話を受けたけれど、謝罪して説明したらすぐ納得してくれたのでひと安心。解決したし、わざわざ上司に報告するほどではないよね。

お客様のクレームは共有しよう

たとえクレームが解決した場合でも、その場でおさまったから報告しなくてよい、ということはありません。とにかくお客様の声は報告してください。

お客様の声、特にクレームは「あなたの会社のここに不備があるから、そこを直せばもっとよくなりますよ」というありがたいアドバイスやヒントです。

商品やサービスに不備を感じたときに、わざわざそれを伝えてくれるお客様というのは、少ないものです。たいていは何も言わず「もうこの商品は買わない」とか「この会社は使わない」と思うだけだからです。

ということは、クレームを入れたお客様だけでなく、他のお客様も同じ不便さを感じている可能性が大きいわけです。

クレームを報告することによって、問題を最小限に抑えることが可能になります。

また、報告しておくことによって、次に同様のクレームがきたときに、さっと謝罪の言葉と対応策を伝えることができ、お客様を待たせる時間を短縮できる可能性もありますし、クレームの原因となった点を改善するために次の行動をすることによって、今後の対策と防止策に力を注ぐことができます。

そのためには、**まずお客様の声を聞いたあなたが、上司や担当部署へその情報を共有することが第一歩**となります。

お客様は怒っていなかったし、説明をして解決したからといって、あなたで止めてしまったら、他の人にはその問題がわからないまま、また同じようなクレームが入ってしまうかもしれません。自分の説明で解決したと勘違いするのではなく、いい声も悪い声も拾い上げて共有するのが基本だと覚えておきましょう。

私の勤め先で、クレームが共有されていなかったがために「同じことがこれでもう3回目ですよ！」というお叱りを受けてしまったことがあります。この場合は、電話をとった後輩は、現場担当者に1回目、2回目のクレームを報告していました。でも、その担当者が「そうなんだ。わかった」とそのままにしてしまっていたのです。

こうなってしまうと、お客様は「毎回同じ人に伝えているのに、全然改善されない。直す気はあるのか？」となってしまいます。

また、この電話を受けた後輩は、現場の担当者にはクレーム内容を伝えていましたが、その他の人たちには伝えていませんでした。もし、別の人が次の電話をとった場合、以前に同じクレームがあったことなど知りませんから、お客様にまた一から状況を説明させることになります。当然、お客様は「なんていい加減な会社なんだ。もう頼みたくないな」と感じます。


この場合は、はじめにクレームが入った時点で、現場担当者に伝えて問題の改善を促すとともに、周りの人にも内容を知らせる必要がありました。それは、お客様が納得されていても、です。

クレームが共有されていると、お客様へのさらなるご迷惑を回避できます。

クレームの報告と共有は、お客様、あなた自身、会社のすべてにとってプラスになるのです。

08 上司に叱られたとき

お客様の電話対応について、「今のはわかりにくい説明だったから、もっとスムーズに理解してもらえるようにして」と上司に注意された。「はい。でも、お客様に説明しても、わかってもらえなくて……」と答えたら、「それをわかるように説明するスキルを磨いて！」とさらに叱られちゃった……。

「正しい叱られ方」がある

上司から叱られると、自分が悪くてもやっぱり凹んで、数日それを引きずってしまうことがありますよね。

だけど、大切なのは凹むことに時間を費やさずに、とっとと切り替えることです！

お客様からのクレーム対応と同じく、**上司からのお叱りにも正しい受け方があります**。

お客様からのクレームは「あなたの会社のここに不備があって、そこを改善すればもっと発展しますよ」と伝えてくれる、ありがたい声だとお伝えしました。上司からのお叱りも同じです。あなたを成長させてくれるありがたい教えなのです。

とはいえ、やっぱり叱られたら落ち込むし、すぐに「ありがたい」とは思えないと思います。

そこで、正しい叱られ方、心の切り替え方をお伝えします。

①言い訳しない

冒頭の例の場合、「ちゃんと説明しても、わかってもらえなかった」と言っていますが、それを言いたくてもこらえましょう。ただの言い訳になるだけです。

②素直に受容してお礼を言う

まずはお礼を言いましょう。これは自分の成長できる課題を教えてくれたことに対してです。

③落ち込む前に原因分析

「なぜ説明しても伝わらなかったか？」を今一度見つめ直してみることです。先輩や同僚に聞いてみてもいいでしょう。「○○さん、少し声が低いから聞き取りにくかったのかも？」「私も以前同じことがあって、言い回しをこうしたら伝わるようになったよ」などの情報やアドバイスから、何がダメで改善点はどこか？　を分析します。

④成長する

分析した結果をもとに改善をしていきます。声が低いことが原因だったなら、少しトーンを上げて電話対応してみる。説明の言い回しをノートに何通りか書き出し、声に出して身につける。それを同僚や先輩に聞いてもらって、ついでに周囲の人たちにも説明練習に参加してもらい、誰の話し方がわかりやすいか聞き合うなど、いろいろな方法があるはずです。

⑤「1叱られ」につき、1時間以上落ち込みを持続させない

落ち込みは1日以上引きずらないようにしましょう。できれば1時間で気持ちを切り替えます。反省はしても落ち込みは無用。ただ仕事の妨げになるだけだからです。

「正しい叱られ方」をしていたら、上司の注意やお叱りは、あなたの宝になります。チャンスがあれば、注意をくださった上司へその後の成長状況を報告してみてください。あなたの努力は上司に喜ばれ、会社のためになり、あなた自身も向き合ったことで自信がついて成長する。素敵なトライアングルですね。

私は上司に「叱っても素直に聞いて、引きずらない」と何度か褒められたことがあります。もちろん、右から左に流しているのではなく、叱られたことに向き合い、早い切り替えをするように意識しているからだと思います。それは自分のためだと思っていましたが、意外にも叱った上司にとっても助かるんだとわかりました。

転んでもただでは起きずに成長しましょう！「注意をしていただけるのはありがたいこと」「言われなくなったらおしまい」と、素直に聞ける自分になりましょう。

09

職場に苦手な人がいたら

「来週の企画発表会の段取りを、君とSさんと2人でやってくれるかな」と、上司から指示があった。どうしよう、私、Sさんが少し苦手なんだよな。うまくいく自信がなくて、憂鬱だな……。

苦手な人ほど、仕事のパートナーとして相性はいいかも？

職場はいろいろ人がいるので、苦手な人も当然いますよね。「この人とは、できれば一緒に仕事をしたくないな」なんてことは、多かれ少なかれあります。

ただ、「嫌だ」という感情に注目してしまうと、一気に仕事が楽しくなくなってしまいます。そこで、私がいつも行なっている苦手な人と仕事をするときのコツをお教えします。

苦手な人と一緒に仕事をすることになったら、**相手の嫌な態度や言動には注目せず、視点を変える**ようにします。具体的には、以下のように注目先を変換していきます。

①これは仕事だと割り切る

注目先を「人」ではなく、「仕事」に切り替えます。友達付き合いではなく、仕事上の人間関係だと捉えましょう。

②相手の優れているところを見つける

注目先をお互いの「得意・不得意」に切り替えます。そもそも苦手な理由として、自分と真逆のタイプ、ということもあります。逆に言うと、自分の苦手な分野を得意としてやってくれる可能性が高いので、仕事のパートナーとしては適している場合が多いのです。

あなたが苦手なことと、相手が得意な面、その逆も探ってみてください。気がつけば、「結構頼れる人だな」などと、信頼に変わっていることもあります。

③仕事を成功させることに集中する

仕事の「目標」や「ミッション」に注目します。

相手が好きでも嫌いでも、同じ目標を持つチーム（会社）の仲間です。仲間と思うのも嫌だと感じるかもしれませんが、チームというのは「同じ目標を持った者同士」のことです。今、2人に任されているのは、目標を成功させること。成功させるためには、嫌いという感情は置いておいて、目標を達成することに集中するべきなのです。

ちょっとしたことで、気がラクになる

また、日々の職場で行なえることとしては、**あえて雑談してコミュニケーションをとる**という方法もあります。

苦手だと思っている人ほど、「話してみると、結構いい人だった」ということもありま

す。一緒に仕事をする関係なのですから、やはりコミュニケーションはとっておいたほうが、やりやすい面が多いです。ちょっとした雑談でもよいので、自分から話しかけてみることをオススメします。

また、**悪口は絶対に言わないこと！**「〇〇さんが言ってたよ」なんて、相手の耳に届いたら、やっかいなことになってしまいます。

悪口を言うと、「嫌い」と思っている感情をさらに盛り上げてしまうこともあります。仕事上で嫌だと思うことがあったらならば、本人に直接、悪口ではなく「注意」として、正直に話してみましょう。

人間、誰しも自分と合わない人がいて当然です。価値観も違うし、共感できないこともたくさんあるでしょう。そんなときは、自分が正しくて相手が悪いと思いがちですが、割とそうでもなかったりします。

まずは注目先を「嫌いという感情」ではなく、ちょっとズラしてみることで、ずいぶん気がラクになりますので、試してみてください。

10

プライベートな理由で不機嫌なとき

プライベートでうまくいかないことが重なって、すごく落ち込んでいる。

仕事とは関係ないし、引きずらないで働くつもりだけど、「どうしたの？　今日、体調悪い？」「何か嫌なことでもあった？」とみんなに聞かれる。ということは、顔に出てるってことだよね……。

プライベートの不調が職場でも顔に出てしまっていたら？

仕事には関係ないのに、不機嫌そうな顔になったり、調子が悪そうになってしまうのは迷惑がかかるし、自分も周りも嫌な気分になりますよね。

そんなときは、「表に出さない」と決めて頑張っていても、なぜか表に出てしまうものです。そこで、次のような対応をしてみてください。

①「**今日はたくさん仕事があって、集中して作業するので、怖い顔してたらごめんね**」と宣言して、仕事に集中しまくりましょう。周囲に心配もかけないですむので、周りへの気づかいにもなります。仕事もいつも以上にはかどるので、これが一番オススメです。

②「**何がなんでも表に出さない！**」と覚悟を決めるのもひとつの方法です。とにかく暗い顔や機嫌悪そうな態度は絶対出さないと決めて、演じきりましょう。

③相手に伝えられる内容なら、いっそのこと「**私、実はこんなことがあって、とても落ち**

込んでいます。でも、仕事に関係ないし、仕事に集中して頑張ります」と相談をかねた報告をしてしまいましょう。自己開示をすることで相手とより親密になるし、信頼感が持てたりもします。

ポイントは、あくまでも隠し通して仕事は仕事と割り切って演じきるか、誤解されないように本音を言って理解してもらうか、です。

ＮＧなのは、不機嫌なまま職場に行って、感情が優先して仕事にも集中できずに作業が遅くなる。ついでに周りの人たちに必要以上に気をつかわせる。「私に対して怒ってるのかしら？」などといらぬ心配をさせる。それが一番してはいけないパターンです。

不機嫌そうに仕事をしていたら、それは間違いなく周囲の人たちに迷惑です。悪気がなくても、周りの人に迷惑をかけるくらいなら、無理をせず、お休みしたほうがマシという場合もあります。

調子が悪いときほど、仕事モードになる

プライベートで嫌なことがあって調子が悪いときこそ、あえて仕事に集中することで、

落ち込み防止対策をとりましょう。

はじめは、だましだまし行なっていたとしても、仕事モードになっている自分に途中で気がつくはずです。

集中して仕事をすることで、逆にいつもより仕事がはかどることもありますし、ブスッとして周囲に気を使わせるよりもオトクです。

日々仕事をしていると、いろいろな気分になりますが、私は逆に仕事に救われたこともありました。

もし、落ち込んだ日があったら、この「あえて仕事に集中する落ち込み防止策」を試してみてください。

おわりに

私は、現在も企業で秘書や事務員をしながら、研修講師として活動させていただいています。社会人になって20年以上。仕事は教えてもらうことより、教えることが増えてきました。

その中で、「もっとちゃんとして！」と感情的になって相手を責めるような言い方では、相手に伝わらないということがわかってきました。

言われた後輩は、つい「はい、わかりました」と答えてしまいます。そして、実際、注意されたことをしようとしたとき、「〝ちゃんとして〟ってどうやったらいいの？」と戸惑うだけです。本当は、具体的な答えを、行動レベルで伝えることが必要だったのです。

研修講師の仕事は、そういった経験がきっかけでスタートしました。

本書には、周りから〝ちゃんとして〟見える仕事のちょっとしたコツが書いてあります。

仕事に対して「積極的」になって楽しむか、「消極的」になって苦痛を感じるか。どちらを選択するかは人それぞれですが、仕事を通じて自分磨きをしていくことは、とてもワクワクすることです。

本書でくり返しお伝えしてきましたが、どうせ働くなら楽しくないと損だな、と思っています。そう思うように至ったきっかけのひとつをお話ししましょう。

私がまだ社会人になって間もない頃、当時小学生だった社長の息子さんが、お小遣い稼ぎのために事務所の窓ふきをしていました。

ところが、彼の窓ふき作業はつまらなそうな顔で、嫌々やっているような感じでした。当然、動かす手も雑になっていました。

そこに社長がやってきて、「どうせするならピカピカにして、褒められるような窓ふきをしなさい！」と言いました。彼はしばらく考えてから、今度はピカピカになるまで磨いていきました。先ほどとは変わり、顔は真剣、動作もキビキビしていました。

それを見た事務員さんが「あら！　窓ピカピカできれい！」と褒めました。すると、彼はとても満足そうにニコニコしていました。お小遣いのことより、自分の磨いた窓に関心を持っているかのようでした。

そんなやりとりを何気なく見ていた私は、「これって仕事もそうだよな。褒められるような仕事をしたら、自分も楽しいんだ」と気がつきました。まずは「褒められる」ことを小さい目標としてみたところ、そこから仕事の仕方も、仕上がりも、自分の気持ちも変わり、仕事が楽しくなっていったのです。

私が20年以上積み重ねてきたスキルやマインドの中には、誰かの「仕事が楽しくない！」というお悩み解決のお役に立てるかもしれない。誰かのやる気につながるかもしれない。そんなふうに思い、今日からできるような、仕事の小さなコツをご紹介しました。

この本をお読みくださった方が、仕事が楽しくなるような工夫をし、周りの人から褒められるようになったなら、とてもうれしく思います。

最後に、私に仕事という生きがいを与えてくださった株式会社アクアの社長と社員の皆さん。

この本を出させていただくチャンスをくださいました、同文舘出版の古市編集長、担当の戸井田さんに心より感謝申し上げます。また、出版のきっかけをくださった「著者デビュープロジェクト」の前川あゆさん、そして著者の先輩方に大きく励まされました。ありがとうございました。

この本を書くにあたり、多くのヒントを与えてくれた家族や友人、研修の受講生の方々にも感謝でいっぱいです。

この本が1人でも多くの方の「仕事を楽しむきっかけ」になって、日々の仕事のお役に立てますことを願っています。

井上幸葉

著者略歴

井上幸葉（いのうえ　こうよう）

研修講師

19歳で地元中小企業に入社。特にスキルもない社員だったが、持ち前の積極性でできる仕事を1つずつ増やしていき、20代前半には社長の右腕と言われるまでになる。部下もほぼ男性という中でキャリアを積み上げ、教育担当として社内研修を実施する。平成23年にはビジネスマナーインストラクターの資格を取得し、外部研修も開始。20年以上、経営者と社員、両方の気持ちを捉えながら成果を上げてきた経験を活かした企業研修を行なう。日常よくある仕事の「苦手」「困った」を「自信」に変えるトレーニングを年間180回以上実施し、企業も個人もいきいきとした職場づくりに従事している。

現在も企業研修と並行して、受付から女性管理職、人事、経理、秘書と広範囲にわたる業務を担当する現役スーパー事務員。

【研修・セミナーのお問い合わせ】

株式会社アクア

住所：〒624-0816　京都府舞鶴市伊佐津100番地　電話:0773-75-6079

HP：http://www.happyleaves.jp/wp/　メール：kouyou@maizuru-aqua.co.jp

「ちょっとできる人」がやっている仕事のコツ50

平成27年7月8日　初版発行

著　者 ―― 井上幸葉

発行者 ―― 中島治久

発行所 ―― 同文舘出版株式会社

東京都千代田区神田神保町1-41　〒101-0051

電話　営業03（3294）1801　編集03（3294）1802

振替00100-8-42935

http://www.dobunkan.co.jp/

ISBN978-4-495-53081-5

印刷／製本：萩原印刷

Printed in Japan 2015